北京教育志丛书
（1991—2010）

U0807491

# 北京市学习型城市建设志稿

北京市教育档案馆
（北京教育博物馆） 编

方志出版社
Publishing House of Local Records

**图书在版编目（CIP）数据**

北京市学习型城市建设志稿 / 北京市教育档案馆（北京教育博物馆）编. —北京：方志出版社，2024.5
（北京教育志丛书. 1991—2010）
ISBN 978-7-5144-4276-2

Ⅰ. ①北… Ⅱ. ①北… Ⅲ. ①城市建设－研究报告－北京－1991-2010 Ⅳ. ①F299.271

中国国家版本馆 CIP 数据核字(2024)第 055187 号

责任编辑：齐笑
责任校对：张玉霞
责任印制：梅中英
出 版 者：方志出版社
地　　址：北京市朝阳区潘家园东里 9 号（国家方志馆 4 层）
邮　　编：100021
网　　址：http://www.zgfzcb.cn
发　　行：方志出版社图书营销中心（010-67110500）
印　　刷：北京中科印刷有限公司
开　　本：710 毫米×1000 毫米　1/16
印　　张：9.75
字　　数：188 千字
版　　次：2024 年 5 月第 1 版
印　　次：2024 年 5 月第 1 次印刷
定　　价：70.00 元

主　编

张晓兰

# 序

1991年至2010年，适逢中国改革开放大潮，伴随社会经济快速发展及人民群众日益增长的文化和教育需求，北京教育进入了历史上最快的发展时期。

二十年里，北京教育在党和政府的领导下，以办好人民满意的首都教育为指针，锐意改革，加大投入，不断加强学校建设和师资队伍建设，深入开展素质教育，各级各类教育协调发展，继在全国率先普及九年义务教育后，又逐步普及高中阶段教育，并迈入了高等教育普及化阶段。提出教育现代化的目标，探索义务教育均衡发展，建设高水平的一流大学，创建学习型社会，努力为人民群众提供公平、优质的教育。

二十年中，北京教育的发展以改革创新为动力，先后进行了教育领导管理体制改革、办学管理体制改革、学校内部管理体制改革、招生及保障体制改革。同时积极开展教育评价创新、学业评价创新、教育督导工作创新。在教育教学中，尤其是课程改革、教材建设、教学方法等方面不断探索新路。同时，合作开放办学迈上新台阶，国际合作、省际合作和与港澳台合作不断加强，奥林匹克教育也取得了突出成绩。在教育信息化方面深入推进促进首都教育现代化建设。

二十年来，北京教育为首都建设和社会主义现代化建设做出巨大的贡献。各级各类教育培养了社会需要的人才；学习型城市建设提高了首都居民的文化素质，丰富了人们的精神需求；高校和教育科研机构在自然科学、哲学和社会科学、教育科学研究上硕果累累；在校企合作、校地合作、科研成果转化、志愿者服务、奥运和国家庆典等社会服务方面成绩显著；在支援边疆教育方面，北京与内蒙古、西藏、新疆、青海等省（市、自治区）携手并进。

当前，北京坚持“四个中心”的城市战略定位，北京教育面临着为建设国际一流的和谐宜居之都提供人力资源支撑的艰巨任务。

《北京教育志丛书（1991—2010）》是1995年出版的《北京教育志丛书》的续篇，系统记载1991年至2010年北京教育的历史与现状，传播首都教育工作者光辉的业绩，为广大教育工作者、为教育科学研究，提供珍贵的资料。我们希望《北京教育志丛书（1991—2010）》的出版，能够激发首都教育工作者的社会责任感，为北京教育谱写更加灿烂的篇章。

《北京教育志丛书（1991—2010）》编委会

# 凡 例

一、《北京市学习型城市建设志稿》以马克思列宁主义、毛泽东思想、邓小平理论、"三个代表"重要思想、科学发展观、习近平新时代中国特色社会主义思想为指导，坚持辩证唯物主义和历史唯物主义的立场、观点和方法，力图完整、全面、客观、准确记述北京行政区划内成人教育发展变化过程和基本脉络。

二、本志稿正文以述、志、图、表、录为基本体裁。记述上限为学习型城市建设事业发端，下限至 2010 年 12 月 31 日。为保证史实完整性，对个别事业的发端进行必要的追溯。

三、本志稿设规划组织、学习型组织建设、主题学习型活动三章，相关文件收录在附录中。

四、本志稿机构名称首次出现使用全称，其后使用规范性简称。如：中共北京市委教育工作委员会简称市委教育工委，北京市教育委员会简称市教委，北京市人民政府教育督导室简称市教育督导室。学校一般使用全称。

五、本志稿资料来源为政府文件、市教委统计资料、市教委业务处室工作总结、重大专项工作总结、《北京教育年鉴》、教育系统修志资料、学术专著等。

六、本志稿数字用语、标点符号用语分别采用国家标准《出版物上数字用语》(GB/T 15835-2011)、《标点符号用语》(GB/T 15834-2011)，计量单位采用国家技术监督局 1993 年 12 月发布的《量和单位》系列国家标准。

# 目 录

# 第一章　规划组织

学习型城市建设作为首都教育现代化建设的目标之一，于20世纪末提出。2000年至2007年，该项工作以积极推进学习型社区建设、学习型企业创建为主要实践方式。2007年4月11日，市委、市政府在北京会议中心召开北京建设学习型城市工作会议，动员和部署建设学习型城市工作。截至2010年，北京市基本形成以国民教育体系为依托，以覆盖各类人群的继续教育为补充的终身教育体系，构建市、区县、街道（乡镇）、居（村）委会四级市民终身学习服务网络。终身学习已成为广大市民的重要生活内容和自觉行动。

## 第一节　目　标

1999年12月2日，市委、市政府在《关于深化教育改革全面推进素质教育的意见》中，正式提出北京要“率先进入高等教育普及化阶段；率先构建起各级各类教育相互衔接沟通、配套协调的现代教育体系；率先基本实现以建立终身学习制度和进入学习化社会为主要标志的教育现代化”基本目标。

2001 年 5 月 23 日,《北京市“十五”时期教育发展规划》再次提出，2010 年教育事业发展目标包括“率先构建起各级各类教育互相沟通、配套协调的现代教育体系；率先构建起终身学习和学习化社会的基本框架”。

2001 年 6 月 6 日，市政府转发市教委《关于加快发展社区教育的意见》，提出:“到 2010 年，本市要基本实现以建立终身学习制度和进入学习化社会为主要标志的教育现代化”。2002 年北京市第九次党代会再一次重申“构建学习型社会，推进首都教育现代化”的战略目标。

2004 年 7 月 7 日，市委、市政府《关于实施首都教育发展战略率先基本实现教育现代化决定》提出：到 2010 年，学习型城市初步形成，并强调:“建设学习型城市是全社会的共同目标和任务。在全社会倡导全民学习、终身学习的新理念，动员全社会的力量，将建设学习型城市的要求落实到首都现代化建设的各项工作中。建立统筹推进学习型城市建设的工作协调机制。在全市大力开展创建学习型企业、学习型社区等学习型组织的活动，提高各类社会机构和组织的管理水平和成员素质。大力发展社区教育，建立健全社区教育的管理体制和运行机制，充分整合利用社区（包括学校）内的各类教育资源，面向城镇居民和乡村农民开展灵活多样的教育与培训，切实提高全体市民素质。”同时文件明确首都教育发展战略的最终目标是：把北京建设成“全球性教育中心城市和充满发展活力的学习型国际都市”。为此，学习型城市正式纳入北京城市发展战略。

2006 年 11 月，北京市委九届十二次会议提出要构建社会主义和谐社会首善之区，要求“积极推动学习型城市建设”。11 月 20 日，《北京市“十一五”时期教育发展规划》明确，到 2010 年首都教育改革发展的总体目标是：在全国率先基本实现教育现代化，努力办好让人民满意的教育。其标志包括“初步构建起与社会主义市场经济和经济社会发展要求相适应的现代教育体制和体系，初步形成学习型城市”。在具体目标中，提出：“学习型城市初步形成，50% 以上的企业、社区和其他组织成为学习型组织。社区教育、企业教育广泛开展，成人培训参与率达到 50%。基本建成比较完善的现代国民教育体系和终身教育体系，初步形成全民学习教育制度。学习资源更加丰富，学习方式更趋灵活，学习制度更具弹性。”

2007 年 4 月 11 日，市委、市政府召开全市建设学习型城市工作会议，做出大力推进首都学习型城市建设的决定，这是市委、市政府对学习型城市建设工作的一次总部署和总提速。会议强调要发挥首都优势，建设各类学习型组织，创新学习载体，大力推动全民参与的学习型城市建设。

在这次会议上，市委、市政府明确提出学习型城市建设的总目标：到 2010 年北京初步建成学习之都，成为以现代终身教育体系和学习型组织为基础，以广大市民的良好素质为支撑，建设成教育事业最发达、学习资源最丰厚、学习氛围最浓厚、学习条件最优越、优势人才最集中、能够通过学习带动各项工作创造一流业绩、充满创新精神和发展活力的知识化、国际化大都市，为实现“新北京、新奥运”战略构想、构建社会主义和谐社会首善之区奠定坚实的基础。具体目标：（1）构建各类教育相互沟通和相互衔接的终身教育体系。首都市民受教育程度进一步提高，基本满足人民群众对接受 0 ～ 6 岁学前教育的不同需求；6 岁以上人口平均受教育年限达到 12 年，从业人员平均受教育年限超过 12 年，新增劳动力平均受教育年限达到 15 年左右；全市从业人员职前培训率达到 90% 以上，每年有 50% 以上的从业人员接受更新知识、提高技能的继续教育，有 30% 以上的居民接受社会文化生活教育。市民的现代文明素质和创新能力得到较大幅度的提升，各类人才数量有较大幅度增长。（2）学习和创新成为首都发展的重要理念和市民的普遍行为。基本形成人人、时时、处处学习的社会氛围，让多数市民把学习作为一种生活方式。市民学习的基本权利得到保障，终身学习的要求得到基本满足。各类组织重视履行学习和教育职能，并将其摆在优先发展的战略地位。创新成为多数组织和市民发展的内在需求，公众科学素质明显提高，全市形成浓厚的创新氛围，首都成为全国重要的创新基地。（3）各类学习型组织的创建活动覆盖全市，各类学习型组织的创建率达 80% 以上，全市 30% 的社区（街道、乡镇）、机关、企事业单位等初步成为学习型组织。（4）把和谐文化建设放在突出位置，以学习型城市建设促进和保证首都成为社会主义和谐社会首善之区。引导和组织广大干部和市民努力学习马克思主义中国化的最新成果，倡导爱国主义、集体主义、社会主义价值观，践行社会主义荣辱观。坚持以社会主义核心价值体系引领社会思潮，最大限度地在全体市民中形成思想共识。（5）把落实人文奥运活动紧密结合起来。广泛开展奥林匹克知识学习教育活动，大力开展市民文明教育活动。围绕奥林匹克运动，开展专项学习活动，确保奥运会顺利进行。

截至 2010 年，北京市常住人口平均受教育年限 11.5 年，全市六成以上教育机构面向社区居民开放学习资源，并利用社会资源建设了一批市民终身学习服务基地，搭建了市民终身学习远程服务信息平台，打造了“中华文明大讲堂”“首都科学讲堂”“市民理论学校”“智慧家长俱乐部”“市民学习圈”“终身学习周”等一系列终身学习品牌，培育出一批终身学习、学有所成的个人先进典型，推动了学习型企业、学习型机关、学习型学校、学习型社区和学习型社团等不同类型的学习型组织创建工作。学习型党组织建设蓬勃开展，各领域都涌现出一批创建工作先进单位，发挥了良好的引领示范作用。终身学习已成为广大市民的重要生活内容和自觉行动，全市每年有 60% 以上的居民定期参加各类学习活动，全民学习、终身学习的氛围初步形成。

## 第二节　方针政策

首都学习型城市建设工作始于 2001 年，至 2007 年，北京市重点通过社区教育和学习型企业的创建，推动学习型城市发展，同时积极组织区县开展学习型区县、学习型乡镇、学习型社区街道、学习型学校等方式推动该项工作。2007 年，北京市召开学习型城市建设工作会议后，学习型城市建设工作进入快速发展的新阶段。

2007 年 4 月 11 日，市委、市政府建设学习型城市工作会议做出大力推进首都学习型城市建设的决定，从各个层面论述北京市学习型城市建设工作的方针政策。提出：（一）加快建立首都终身教育体系和终身学习服务体系。建立终身教育制度，促进终身学习。大力开展社区教育，满足社区居民的多样化学习需求。大力发展职业培训，全面提高从业人员的职业技能。大力推进继续教育，培养和造就一大批专业人才。大力加强农村教育，推动社会主义新农村建设。建立覆盖全社会的终身学习服务体系。充分发挥现代信息网络在终身教育体系中的重要作用。（二）大力推进各类学习型组织的创建活动。广泛开展创建学习型机关，创建学习型企事业单位，创建学习型学校，创建学习型社团，创建学习型街道、乡镇、社区等区域性学习型组织，创建学习型区县，把学习型区县建设纳入区县经济和社会发展总体规划、社区建设规划和教育发展规划。

针对 2008 年北京奥运会，会议提出要落实人文奥运行动计划，充分开展学习教育活动。大力开展市民文明教育活动，提高市民素质。围绕奥运会开展专项学习活动，确保奥运会顺利进行。

会议还提出要加大创建学习型城市的宣传力度，提高市民终身学习意识，努力在全社会营造良好的学习和创新氛围。研究制定学习型城市指标体系，不断完善各类学习型组织创建工作的评估标准。北京市建设学习型城市工作领导小组每年将对在创建学习型区县、学习型组织活动中涌现出来的先进集体和先进个人进行表彰，评选“首都学习之星”，宣传和表扬先进典型。各行业、各区县也应建立相应的表彰奖励制度，完善投入机制。形成政府、企事业单位、社会团体共同承担的投入保障机制。

2007 年北京市大力推进首都学习型城市建设的决定政策要点

表 1

| 建立首都终身教育体系和终身学习服务体系 | |
|---|---|
| 建立终身教育制度，促进终身学习 | 积极发展学前教育，高水平普及基础教育，大力发展职业教育，提高高等教育质量。要将终身教育和终身学习的思想贯穿到从幼儿教育到大学后继续教育的各个层次、各个领域，努力提高学习者的学习能力、就业能力和可持续发展能力，实现各类学历教育之间、学历教育与非学历教育之间的纵向衔接和横向沟通，加快形成开放灵活的教育功能；充分体现各类学校教育和社会教育的相互融通、相互渗透和相互参与。促进各类普通教育学校面向社会开放，为市民提供丰富多样的教育和学习服务。积极推进入学考试制度改革，实行弹性学习制度，建立市民个人学习成果认证制度，扩大市民接受教育和培训的机会 |
| 大力开展社区教育，满足社区居民的多样化学习需求 | 充分发挥社区学院在社区教育中的重要作用，形成以社区学院为龙头，街道（乡镇）社区学校（社区教育中心）为骨干，社区内中小学校、市民学校、村成人学校和家庭教育为基础的社区教育网络。开展多层次、多内容、多形式的职业技能和社会文化生活教育，并为中小学生提供良好的校外教育，为学龄前儿童、流动人口、残障人员、就业困难人员及老年人的学习提供服务，全面提高市民的综合素质。结合中小学校布局调整，整合教育资源，建设好街道、乡镇社区学校（社区教育中心）。加强社区教育课程和教材建设，开发一批适应居民需求的课程教材。组织普通教育教师下社区，建设一支专兼职结合的社区教育工作者队伍，充分发挥社区教育志愿者作用，大力发展健康科学的家庭教育，提高家庭教育水平 |
| 大力发展职业培训，全面提高从业人员的职业技能 | 逐步建立和完善政府主导、面向就业市场、依托企业、社会化、多层次的职业教育和培训体系，为企业输送大量的技能型人才和高素质劳动者。建立和完善现代企业职工培训制度，对企业在职职工以及转岗、失业人员提供多层次、多形式的职业教育和岗位技能培训，努力提高其工作能力、职业转换能力和创业能力。要加快现代制造业、现代服务业等方面紧缺的高技能人才培养，重点培养一批高级工、技师和高级技师。大力支持行业龙头企业发展特色培训，加快发展符合产业发展要求的培训项目。发展教育培训市场，鼓励各种社会力量开展各类职业培训，支持工会、共青团、妇联、科协等群众团体以及非营利社会组织开展职业培训教育，促进社会化职业培训发展 |

**续表 1**

| 建立首都终身教育体系和终身学习服务体系 | |
|---|---|
| 大力推进继续教育，培养和造就一大批专业人才 | 各行业、各部门、各单位要以终身教育理念为指导，制订继续教育规划，完善考核评价体制，深度开发人才资源。充分发挥各级党校、行政学院、高等学校的作用，加强对党政机关公务员、企业经营管理人员和专业技术人员以新理论、新技能、新信息、新知识、新方法为主要内容的继续教育。加强创新型、复合型人才的培养，重点建设党政机关领导干部、企业经营管理人员、科技人才和技能人才四支人才队伍 |
| 大力加强农村教育，推动社会主义新农村建设 | 加强和完善市、区县、乡镇和村四级农村教育办学网络，进一步提高农村基础教育质量，全面推进培养和造就首都郊区社会主义新型农民行动计划，加快提高农村劳动者素质。大力发展农村中、高等职业教育和培训，改善农村劳动者的文化结构和专业技术结构，加快农村中、高层次实用型管理人才和技能人才的培养。充分利用现代信息技术手段，发展农村远程教育。实行普、职、成教“三教”统筹，推进农、科、教结合，大力开展农村实用技术培训。加强农村劳动力转移就业培训。培养一批社会主义新农村的建设者和带头人，造就一大批有文化、懂技术、会经营的社会主义新型农民 |
| 建立覆盖全社会的终身学习服务体系 | 充分发挥各级各类教育机构为全民学习和终身学习服务的功能，各类中小学校、高等学校、职业学校要带头在构建终身教育和终身学习服务体系中发挥重要作用。充分利用首都教育、科技、文化资源优势，形成覆盖城乡、面向市民的终身学习网络和服务平台。鼓励和组织专家学者及各级各类学校教师和大学生积极参与学习型城市建设。充分利用北京高校的智力资源，建立市民大讲堂，广泛传播中华民族优秀文化和科学技术知识。整合政府、行业、企事业单位的教育资源的同时，各类学校和培训机构面向社会开放学习场所和教育设施，开设适应市民学习需求的专业和课程，开展多种形式的学习和培训活动。逐步扩大市、区两级图书馆、博物馆、科技馆、美术馆等公益性文化设施向市民免费开放的范围，扩展各类科技和文化设施的学习服务功能。开展学习需求调研，沟通学习信息，开展科技周、学习周、文化节等活动，形成浓厚的学习氛围 |

续表 1

| 建立首都终身教育体系和终身学习服务体系 | |
|---|---|
| 充分发挥现代信息网络在终身教育体系中的重要作用 | 依托远程教育网络，发挥广播、影视、数字传媒等技术优势，创办市和区县综合性学习网站，开发网络学习资源，积极发展各类数字化远程教育，建立市民终身学习网络平台，加快推进开放大学建设，为全民学习提供技术支撑和服务。发挥网络学习在全民学习中的独特作用，加强网络管理，形成科学、健康的网络学习文化 |
| **各类学习型组织创建** | |
| 学习型机关 | 围绕提高依法行政能力、结合机关工作岗位要求、强化业务培训、更新知识结构、创设学习载体、健全学习制度、提高学习能力的目标。领导干部在学习型机关建设中要率先垂范，促进机关学习氛围的形成。各级党组织都要努力成为学习型组织，充分利用党建资源，组织党员学习科学理论，保持党员先进性，提高党的执政能力。强化机关的组织学习，推进机关的观念更新、工作创新、机制创新；鼓励、支持机关工作人员参加各类提高履职水平的学习培训，培养具有创新思维和创新能力的机关工作人员。推进机关转变职能，增强服务意识，提高服务水平，努力建设勤政廉洁、务实高效的服务型机关 |
| 学习型企事业单位 | 根据企事业单位知识创新、技术创新、效能提高等要求，引导员工制订职业生涯规划，不断学习新知识、新信息、新技术，积极开展员工的岗位培训和继续教育等学习活动，不断开发人力资源，鼓励人人成才。适应形势发展要求，更新观念，树立崇尚创新、积极进取的工作观。促进团队学习，使团队成员积极进行知识共享和思想沟通，形成默契合作的团队精神。推进整个单位的组织变革，改进领导方式，调动广大员工的积极性，挖掘人的内在潜能，形成与时俱进、追求卓越、勇于创新、人际和谐的组织文化，不断提升整个单位的创造活力和竞争力 |

**续表 1**

| 各类学习型组织创建 | |
|---|---|
| 学习型学校 | 要发挥各级各类学校在建设学习型城市中的引领和骨干作用，大力推动教育创新，全面提高教育教学质量，主动开放学校资源，积极参与社区教育和学习型组织建设，积极服务于全民学习；引导教师不断更新知识、转变观念，成为热爱学习、善于学习、终身学习的楷模。在尊重教师主导作用的同时，改变单纯灌输式的教育方法，探索创新教育方式；更加注重培养学生的创新精神和实践能力，大力加强素质教育，发挥学生的主动性，培养创新型人才；建设和谐校园，积极培育勇于探索、具有特色的学校文化，提高学校的办学水平和创新能力 |
| 学习型社团 | 各类社团结合自身的实际和工作内容、任务，发挥民间组织参与社会建设的独特功能，大力开展创建学习型社团活动。创建中要以服务群众为主题，在增强功能、拓展领域、提高水平方面，不断加强组织的学习，在实践中不断提高学习能力和服务能力，满足群众多样化的生活需求，推进经济社会协调发展，为和谐社会建设发挥促进作用 |
| 学习型街道、乡镇、社区等区域性学习型组织 | 统筹辖区内的教育、文化、科技等资源，实现资源共享，保证经费投入，加强教育设施建设，完善区域内终身学习的服务体系，为居民创设更好的学习条件。把提高市民素质作为学习的重点，引导市民在学习中增长知识，陶冶情操，提高思想道德和科学文化素质，形成文明健康的行为方式。积极推进学习型家庭建设 |
| 创建学习型区县 | 把学习型区县建设纳入区县经济和社会发展总体规划、社区建设规划和教育发展规划。把学习型区县建设与区域经济建设、民主管理、精神文明建设、构建和谐社会以及环境建设紧密结合，通过学习型区县建设，促进区域全面发展。形成有特色的区域性学习和创建工作理念，推动各类学习型组织的建设。整合区域内教育和学习资源，形成具有区域特点的学习网络和创建模式，逐步培育各具特色的区域文化，激发区域创造力，增强区域凝聚力，全面提高区域的持续竞争力 |

2007 年，北京市学习型城市研究中心、北京市民终身学习远程服务中

心（北京学习型城市网站）成立，旨在增强学习型城市建设理论支撑，同时充分利用现代信息技术手段和广播、电视、计算机网络等多媒体数字传输手段，为市民终身学习提供丰富的教育、学习资源，建设具有首都特色的市民终身学习和远程教育的市级服务平台。

## 第三节　组织机构

根据《关于大力推进首都学习型城市建设的决定》，北京市建设学习型城市工作领导小组（以下简称“学习型城市领导小组”）负责组织协调全市学习型城市建设工作，负责贯彻落实市委、市政府关于推进首都学习型城市建设的政策和措施，组织制定本市学习型城市建设的工作目标和实施方案以及政策性文件，研究解决学习型城市建设中的重大问题，组织检查学习型城市建设的情况。各级党委、政府和相关部门的领导应加强对学习型城市建设工作的领导，建立“一把手”为“第一责任人”的制度，实行目标管理，把建设工作绩效作为“一把手”及主管领导考核的主要内容之一。

2007 年 4 月 29 日，学习型城市领导小组成立，市委常委朱善璐担任小组组长，副市长孙安民担任副组长。市建设学习型城市工作领导小组正式开展工作。

12 月 13 日，北京市机构编制委员会办公室印发《关于设立北京市建设学习型城市工作领导小组有关问题的批复》，文件明确：“北京市建设学习型城市工作领导小组为市委议事协调机构。主要职责是：贯彻落实市委、市政府关于推进首都学习型城市建设的政策和措施，组织制定本市学习型城市建设的工作目标和实施方案以及政策文件，研究解决学习型城市建设中的重大问题，组织检查学习型城市建设的情况，承担市委、市政府交办的其他工作”。市建设学习型城市工作领导小组办公室设在市教委，主要职责包括研究提出本市学习型城市建设的具体措施和工作建议，组织开展学习型城市建设的调查研究，监督检查领导小组会议议定事项的落实情况，协调解决工作中遇到的问题，承担领导小组的日常工作。成员单位包括：市委组织部、市委宣传部、市委研究室、市直机关工委、市委教育工委、市教委、首都文明办、市发改委、市科委、市民政局、市财政局、市人事局、市劳动保障局、市农委、市文化局、市国资委、市广播电视局、市新闻出版局、市政府研究室、市总工会、团市委、市妇联、市社科联、市科协、市文联、中关村科技园区管委会 26 个委办局。

## 2007 年市编办批复北京市建设学习型城市工作领导小组组成人员

**组　长：**朱善璐　市委常委、市委教工委书记

**副组长：**孙安民　副市长

　　　　刘利民　市教委主任

**成　员：**李祥福　市委副秘书长

　　　　王晓明　市政府副秘书长

史绍洁　市委组织部副部长

宋贵伦　市委宣传部副部长

刘占兴　市委研究室副主任

杨公鼎　市直机关工委副书记

郑默杰　首都精神文明办副主任

王民忠　市委教工委副书记

卢映川　市发展改革委副主任

吴玉敏　市科委纪检书记

聂志达　市民政局副局长

吴素芳　市财政局助理巡视员

孙振宇　市人事局巡视员

王德修　市劳动保障局副局长

高　华　市农委副主任

何　昕　市文化局副局长

张俊明　市国资委副主任

李春良　市广播电视局副局长

杜淑华　市新闻出版局纪检组长

王明兰　市政府研究室副主任

王北平　市总工会副主席

方　力　团市委副书记

姜贵平　市妇联副主席

任冉齐　中关村管委会副主任

贺慧玲　市科协副主席
朱明德　市文联副主席
张兆民　市社科联副主席

2009 年 8 月 31 日，学习型城市领导小组增补市委社会工委（市社会办）、市卫生局、市文物局、市园林绿化局为小组成员单位。10 月 9 日，公布调整后的领导小组成员名单，市委常委、市教工委书记赵凤桐担任组长，副市长黄卫、市教委主任刘利民担任副组长。同时印发《关于明确北京市设学习型城市工作领导小组成员单位及办公室职责分工的通知》，明确各成员单位职责分工。

## 2009 年调整后的北京市建设学习型城市工作领导小组成员名单

**组　长：**赵凤桐　市委常委、市委教工委书记
**副组长：**黄　卫　副市长
刘利民　市教委主任
**成　员：**李福祥　市委副秘书长
鲁　勇　市政府副秘书长
张志伟　市委组织部副部长
常　卫　市委宣传部副部长
王　强　市委研究室副主任
杨公鼎　市直机关工委副书记

张　坚　市委社工委委员、社会办副主任

王民忠　市委教育工委副书记

郑默杰　首都精神文明办副主任

卢映川　市发展改革委副主任

朱世龙　市科委副主任

谢延智　市民政局副局长

吴素芳　市财政局副局长

程　静　市人力社保局副局长

刘春广　市农委副主任

王　珠　市文化局副局长

张秀芳　市卫生局党组副书记

周荫良　市国资委副巡视员

李春良　市广播电视局副局长

梁成林　市新闻出版局副局长

于　平　市文物局副局长

史贵升　市园林绿化局副局长

王明兰　市政府研究室副主任

霍连明　市总工会副主席

沈千帆　团市委副书记

沈　洁　市妇联副主席

李石柱　中关村科技园区管委会副主任

周立军　市科协副主席

朱明德　市文联常务副主席

张兆民　市社科联副主席

**学习型城市工作领导小组成员单位及办公室职责分工表**

**表 2**

| 成员单位 | 主要职责 |
| --- | --- |
| 市委组织部 | （一）组织推进全市局级学习型领导班子的创建工作。（二）组织推进全市各级学习型党组织的创建工作。（三）组织领导干部参加在线学习、党校教育，促进领导干部终身学习 |
| 市委宣传部 | 组织开展学习型城市建设的宣传工作。组织利用多种媒体在全市普及终身学习和学习型社会理论，对在学习型城市建设过程中涌现出的先进单位和个人进行宣传和报道 |
| 市委政策研究室 | 组织开展学习型城市建设的政策研究工作 |
| 市直机关工委 | 组织推进市直机关系统学习型党组织和学习型机关的创建工作 |
| 市委社工委（市社会办） | （一）组织对社会组织、社会志愿者、社会工作者队伍开展学习型社会、学习型组织理论等培训。（二）组织协调社会志愿者参与学习型城市建设工作 |
| 市委教育工委、市教委 | （一）加强北京市学习型城市研究中心建设。（二）完善北京学习型城市网网络学习资源的建设。（三）指导推进全市学习型区县的创建工作。（四）组织推进学习型学校的创建工作。（五）指导推进学习型街道、乡镇、社区等区域性学习型组织的创建工作。（六）推进公共教育资源向社会开放 |
| 首都文明办 | （一）提高市民文明素质，组织开展公共文明教育活动。（二）加强文明市民学校建设，利用市民学校开展学习活动 |
| 市发展改革委 | 将学习型城市建设列入社会发展目标，协调解决学习型城市建设与教育文化等社会事业发展中的重要问题 |
| 市科委 | （一）组织制订科普规划和科普活动计划，推进全市科普工作。（二）协调推进科技场馆和设施向市民免费开放或开展优惠活动。（三）组织推进学习型科研机构的创建工作 |

续表 2

| 成员单位 | 主要职责 |
|---|---|
| 市民政局 | （一）将学习型社区创建工作纳入社区建设工作目标。（二）组织推进学习型社团的创建工作 |
| 市财政局 | 审核、拨付建设学习型城市工作经费 |
| 市人力资源和社会保障局 | （一）组织对公务员及专业技术人员开展学习型社会、学习型组织理论培训和继续教育。（二）组织对企业在职职工以及转岗、失业、农村劳动力转移人员等开展职业培训和岗位技能培训。（三）组织推进学习型事业单位创建工作 |
| 市农委 | 组织开展对农村劳动者的培训，加快农村中、高层次实用型管理人才和技能人才的培养，实施“培养和造就首都郊区社会主义新型农民行动计划” |
| 市文化局 | （一）发展社会文化事业，组织开展社会公共文化教育活动。（二）管理文化市场，协调推进文化产业向惠民方向发展，扩大图书馆、文化馆等文化设施向市民免费开放或开展优惠活动的范围。（三）组织推进文化系统学习型场馆创建工作 |
| 市卫生局 | （一）组织开展对医务人员的教育培训工作。（二）组织对市民开展公共卫生和防疫知识普及活动。（三）组织推进学习型医院的创建工作 |
| 市国资委 | （一）组织推进国有企业学习型领导班子的创建工作。（二）在国有企业中组织推进学习型企业的创建工作 |
| 市广播电视局 | （一）组织推进广播影视面向市民开展学习教育活动。（二）组织协调广播电台、电视台开设市民学习专题节目 |
| 市新闻出版局 | （一）组织开展全民读书学习主题活动。（二）管理新闻出版发行事业，推进出版发行产业向惠民方向发展 |
| 市文物局 | （一）指导博物馆业务工作，组织博物馆之间的文物展示与交流活动，协调推进本系统博物馆向市民免费开放或开展优惠活动。（二）组织推进本系统学习型博物馆的创建工作 |

**续表 2**

| 成员单位 | 主要职责 |
| --- | --- |
| 市园林绿化局 | （一）组织风景名胜区、公园的主题学习活动，开展绿化美化、建设生态环境、保护生态资源的宣传教育。（二）协调推进风景名胜区、公园向市民免费开放或开展优惠活动 |
| 市政府政策研究室 | 组织开展学习型城市建设的政策研究工作 |
| 市总工会 | （一）组织推进职工素质教育工程，开展“知识型职工”评比活动。（二）组织推进学习型企业的创建工作 |
| 团市委 | （一）组织开展各种主题学习教育活动，明确共青团的时代使命，树立终身学习理念。（二）组织开展学习型团组织创建工作 |
| 市妇联 | （一）组织开展各种主题学习教育活动，完善学校、家庭、社会教育网络，促进妇女和未成年人的生活和成长 |
| 中关村科技园区管委会 | 协调整合各类创新资源，开展高新技术研发及其成果产业化、数字园区建设等方面的促进和宣传工作 |
| 市科协 | （一）组织开展各类科普文化活动，提高市民的科学素质。（二）协调指导所属学会、区县科协及基层组织开展科普教育工作，组织科学家和科技工作者参与首都学习型城市建设 |
| 市文联 | （一）组织开展各类群众性文艺活动，提高市民的文学艺术素养。（二）协调指导所属文艺家协会、区县文联及产业文联的工作，组织文学艺术家和文艺工作者参与首都学习型城市建设 |
| 市社科联 | （一）组织社科界专家学者开展学习型城市建设的理论研究工作。（二）组织开展各种主题学习活动，营造全民学习的氛围 |
| 北京市建设学习型城市工作领导小组办公室 | （一）贯彻落实领导小组的决议，制定政策性文件并组织实施。（二）收集发布学习型城市建设工作交流信息。（三）协调领导小组成员单位依照职责分工开展工作。（四）加强北京市学习型城市研究中心建设，组织开展学习型社会、学习型组织理论和实践的辅导培训和咨询服务工作。（五）完善北京学习型城市网网络学习资源的建设，建构市民终身学习服务平台 |

# 第二章　学习型组织建设

2001 年，北京市首先开展“发展社区教育促进学习化社区建设先进区县”“发展企业教育创建学习型先进单位”的评估工作。至 2006 年，北京市基本上建立了区委领导、政府推动、教育主导、条块结合、全员参与的区县创建工作运行机制，并且通过大力开展以评促建活动，在全国率先初步建立了学习型城市的框架。同时，以北京市教委牵头开展“学习型区县”“学习型社区”“学习型企业”“学习型学校”的创建工作。

2007 年，创建学习型组织评估工作按照学习型城市工作会议的精神，充实评估专家队伍，修订、完善评估指标体系。在此基础上，领导小组办公室组织进行了学习型企业、学习型社区、学习型乡镇、学习型学校的评估。

## 第一节　学习型区县

学习型区县创建工作的前身是“发展社区教育促进学习化社区建设先

进区县”，2004 年改为“发展社区教育促进学习型城区建设先进区”。

## 一、学习化社区建设先进区县

2001 年 6 月 6 日，市政府转发市教委《关于加快发展社区教育的意见》，提出要在全市开展社区教育工作先进区县检查评估活动。7 月 3 日，市教委印发《关于在全市开展“发展社区教育促进学习化社区建设先进区县”评估工作的通知》，以评促建，全面推动北京市各区县社区教育发展，促进学习化社区建设，使社区教育在引导全体市民树立终身教育观念、建立终身教育体系和学习化社会等方面发挥积极作用。2001 年下半年，市教委在区县进行评估试点。在总结经验基础上，从 2002 年开始正式评估，每年下半年评估一次。评估采取区县申报、自查与市教委组织专家评估相结合的方式和听汇报、座谈、听课、观摩、实地检查、查阅有关档案等方法进行评估。市教委将根据评估结果，给达到优秀标准的区县颁发“发展社区教育促进学习化社区建设先进区县”铜牌，给予表彰、奖励，并在全市宣传、推广其先进经验。

此轮评估中，要求各区县制定发展社区教育、促进学习化社区建设的规划和实施意见及具体措施，在组织管理中建立、健全领导机构，区县成立社区教育委员会（社区教育领导小组），负责统筹、协调、指导社区教育工作；委员会下设办公室，负责日常工作社区教育。委员会由区县所辖有关部门及单位负责人组成，由成员落实。各成员单位分工明确，有目标责任制。社区教育委员会每年至少召开一次工作会议。街道、乡镇成立相应的协调、管理机构，有专人负责。完善社区教育培训体系，要求区县建立社区学院，街道乡镇建立社区教育中心（市民学校），或若干个街道、乡镇建立大型社区教育中心（建筑面积不少于 3000 平方米）。市教委同时印发《北京市发展社区教育促进学习化社区建设先进区县评估指标体系》。

**2001 年北京市发展社区教育促进学习化社区建设先进区县评估指标体系**

**表 3**

| 一级指标 | 二级指标 | 三级指标 | 分值 | 评估方法 |
|---|---|---|---|---|
| 1. 规划与计划（10 分） | 1.1 规划的指定 | 1.1.1 区县政府制定发展社区教育、促进学习化社区建设的规划和实施意见、措施 | 3 分 | 查政府文件 |
| | | 1.1.2 将发展社区教育、创建学习化社区与构建终身教育体系列入区县国民经济和社会发展规划、社区建设规划及教育发展规划 | 5 分 | |
| | 1.2 制定年度计划 | 1.2.1 根据本区县实际制定社区教育的年度工作计划，目标明确，措施具体可行 | 2 分 | 查社区教育委员会、教委及相关部门的文件 |
| 2. 组织与管理（20 分） | 2.1 建立健全领导管理机构 | 2.1.1 区县政府成立教育委员会（社区教育领导小组），负责统筹、协调、指导社区教育工作；委员会下设办公室，负责日常工作 | 2 分 | 查政府文件 |
| | | 2.1.2 街道、乡镇成立相应协调、管理机构，有专人负责 | 2 分 | 查街道、乡镇文件 |

**续表 3**

| 一级指标 | 二级指标 | 三级指标 | 分值 | 评估方法 |
|---|---|---|---|---|
| 2. 组织与管理（20 分） | 2.2 社区教育委员会组织及职责 | 2.2.1 社区教育委员会由区县所辖有关部门及单位负责人组成，成员落实 | 2 分 | 查社区教育委员会文件和会议记录、开座谈会 |
| | | 2.2.2 各成员单位分工明确，有目标责任制 | 2 分 | 查社区教育委员会文件和会议记录、开座谈会 |
| | | 2.2.3 社区教育委员会每年至少召开一次工作会议 | 2 分 | 查会议记录、相关文件 |
| | 2.3 制度建设 | 2.3.1 制定各种社区教育工作制度 | 4 分 | 查文件 |
| | 2.4 队伍建设 | 2.4.1 具有一支专兼职结合的管理人员队伍，街道（乡镇）、居（家）委会、学校等有专人负责或监管社区教育工作 | 2 分 | 查阅社区教育委员会文件、开座谈会 |
| | | 2.4.2 具有一支专兼职结合的社区教育师资队伍 | 2 分 | 查阅文件、开座谈会 |
| | | 2.4.3 社区教育管理人员和教师培训有计划，每年每人不少于 72 学时的培训 | 2 分 | |
| 3. 基地与网络（20 分） | 3.1 完善社区教育培训体系 | 3.1.1 区县建立社区学院 | 6 分 | 查阅、审批文件及学院章程制度等、实地考察 |
| | | 3.1.2 街道、乡镇建立社区教育中心（市民学校），或若干个街道、乡镇建立大型社区教育中心（建筑面积不少于 3000 平方米） | 3 分 | 查资料、实地抽查 |

续表 3

| 一级指标 | 二级指标 | 三级指标 | 分值 | 评估方法 |
| --- | --- | --- | --- | --- |
| 3. 基地与网络（20 分） | 3.1 完善社区教育培训体系 | 3.1.3 居（家）委会建立市民学校等；村建立成人学校等 | 3 分 | 查资料、实地抽查 |
| | 3.2 有效利用社区教育资源，建立社区教育网络 | 3.2.1 区县内有 50% 以上的教育培训机构（含社区高等学校、普通中小学、幼儿园、成人学校、职业学校、民办学校等）面向社区开放 | 4 分 | |
| | | 3.2.2 把区县文化教育资源（文化馆、图书馆、博物馆、档案馆、影剧院、体育场馆等）纳入社区教育网络 | 2 分 | 查阅资料、开座谈会、实地抽查 |
| | 3.3 建立远距离教育网络 | 3.3.1 充分利用有线网络电视节目网及计算机网络建立社区远距离教育网络 | 2 分 | 查资料、实地考察 |
| 4. 事实与成效（30 分） | 4.1 婴幼儿教育 | 4.1.1 开展多种形式的学前教育，0 ~ 6 岁学龄前儿童受教育率达到 98%（郊区县达 80%） | 3 分 | 查阅资料、听汇报 |
| | 4.2 青少年教育 | 4.2.1 保证适龄儿童全部按时入学，入学率（小学、初中）达到市政府规定的目标，采取有效措施，辍学率不超过规定标准 | 2 分 | 查阅资料、听汇报、实地抽查 |
| | | 4.2.2 高中阶段教育普及率达到市政府规定的指标。普通高中会考合格率达到 90% 以上，中等职业学校毕业生（升入高等学校的学生除外）就业率达到 90% 以上 | 3 分 | |
| | | 4.2.3 实现青少年学校教育、家庭教育、社会教育相结合，有措施、有成效 | 3 分 | |

续表 3

| 一级指标 | 二级指标 | 三级指标 | 分值 | 评估方法 |
|---|---|---|---|---|
| 4. 事实与成效（30 分） | 4.3 成人教育 | 4.3.1 发挥社区学院的职能作用，微社区举办高等学历教育、远距离开放教育、高层次短期职业培训，办学规模在 5000 人次（郊区县 3000 人次）以上 | 4 分 | 查阅资料、听汇报、实地调查 |
| | | 4.3.2 发挥辖区内各级各类学校的职能作用，为社区开展各种短期职业培训、市民计算机和外语培训及各种社会文化生活教育等。区县内全年参加各类教育培训总人数达区县常住人口的 30% 以上 | 2 分 | |
| | | 4.3.3 发挥街道及居（家）委会两级市民学校与乡、镇办和村办成人学校的职能作用，为社区居民开展职业技能培训、妇女教育、市民普法教育、健身教育及各种社会文化生活教育等。全年参加培训总人数达本街道、乡镇常住人口的 20% 以上 | 2 分 | 查阅资料、听汇报、查文件 |
| | | 4.3.4 区县属企事业单位积极开展岗位培训、继续教育，年培训率平均达职工总数的 30% 以上 | 1 分 | |
| | 4.4 老年教育 | 4.4.1 开展多种形式的老年教育，参加老年教育活动的人数不少于老年人口的 60% | 2 分 | |
| | 4.5 外来人口教育 | 4.5.1 区县政府有外来务工、经商人员适龄子女依法接受义务教育的措施 | 1 分 | |
| | | 4.5.2 外来务工、经商人员按照政府行政规章接受教育、培训 | 1 分 | |

续表 3

| 一级指标 | 二级指标 | 三级指标 | 分值 | 评估方法 |
| --- | --- | --- | --- | --- |
| 4. 事实与成效（30 分） | 4.6 学习型组织建设 | 4.6.1 有计划地在区县内进行学习型社区的试点 | 2 分 | 查阅资料、听汇报、查文件 |
| | | 4.6.2 有计划地在区县属企事业等单位进行学习型组织的试点 | 2 分 | |
| | | 4.6.3 有计划地在市民中进行学习型家庭的试点 | 2 分 | |
| 5. 保障措施（20 分） | 5.1 宣传、动员 | 5.1.1 采取各种形式向社区居民宣传学习化社会、终身教育、终身学习、社区教育思想，增强社区成员的参与意识 | 2 分 | 查阅资料（简报、图片、录像） |
| | 5.2 经费保障 | 5.2.1 区县政府保证社区教育机构正常的经费，并逐年有所增加 | 3 分 | 查阅经费的来源及使用证明材料 |
| | | 5.2.2 区县政府财政设立社区教育的专项经费（按常住人口每人每年不低于 1 元拨付） | 4 分 | |
| | | 5.2.3 有其他筹措经费的渠道 | 3 分 | |
| | 5.3 理论研究与咨询服务 | 5.3.1 有社区教育咨询机构，每年有课题，有研究活动，有一定的研究成果 | 2 分 | 查材料、实地考察 |
| | | 5.3.2 组织编辑、出版社区教育的教材 | 1 分 | 查材料 |
| | | 5.3.3 为社区成员及社区机构提供信息咨询服务 | 1 分 | 查阅资料 |
| | 5.4 检查与评估 | 5.4.1 每年对社区教育工作进行检查 | 1 分 | 查阅资料、座谈会 |
| | | 5.4.2 每年开展社区教育评估活动 | 1 分 | |
| | | 5.4.3 每年对社区教育工作进行布置、总结，并对先进单位及个人进行表彰和奖励 | 2 分 | |

续表 3

| 一级指标 | 二级指标 | 三级指标 | 分值 | 评估方法 |
| --- | --- | --- | --- | --- |
| 6. 特色与创新（10 分） | 6.1 特色 | 6.1.1 社区教育工作在某方面有明显特色，成效显著 | 5 分 | 汇报、查阅资料、实际考察 |
| | 6.2 创新 | 6.2.1 社区教育工作在某方面有创新，成效显著 | 5 分 | |

说明：本指标体系分值为 110 分，其中前 5 项一级指标为 100 分，第六项“特色与创新”10 分为附加分

2002 年 7 月 18 日、11 月 14 日，市教委先后认定西城区、海淀区为“北京市发展社区教育促进学习化社区建设先进区县”。2003 年 12 月 4 日，市教委认定崇文区为“北京市发展社区教育促进学习化社区建设先进区县”2004 年 9 月 21 日，市教委认定朝阳区为“北京市发展社区教育促进学习化社区建设先进区县”。

## 二、学习型城区建设先进区

2004 年 10 月 26 日，市教委、首都精神文明办、市民政局印发《关于开展创建学习型城区工作的通知》。文件提出，要以科学发展观为指导，实施首都教育发展战略，在全社会倡导全民学习、终身学习的理念，大力发展社区教育，推进学习型组织、学习型社区、学习型城区的建设，率先基本实现教育现代化，把北京建设成学习型城市，满足市民日益增长的教育文化需求，为市民终身学习创造条件。要以人为本，不断提高市民整体

素质，促进社区教育与社区建设的紧密结合，促进首都精神文明、物质文明和政治文明建设协调发展，为全面建设小康社会和现代化建设提供人才和治理支持。该项工作计划到 2008 年使全市各区县均达到《北京市发展社区教育促进学习型城区建设基本标准》。

**2004 年北京市发展社区教育促进学习型城区建设基本标准**

**表 4**

| 一级指标 | 二级指标 | 三级指标 | 标准分值 |
|---|---|---|---|
| 1. 学习与宣传（15 分） | 1.1 国家方针政策（5 分） | 1.1.1 深入学习“全面建设小康社会，开创中国特色社会主义事业新局面”的目标要求，深刻领会“形成全民学习、终身学习的学习型社会，促进人的全面发展”的重要意义，树立科学的发展观 | 3 分 |
| | | 1.1.2 认真学习党和国家有关“人才工作”的方针政策 | 1 分 |
| | | 1.1.3 学习贯彻党和国家教育改革与发展的相关政策 | 1 分 |
| | 1.2 法律法规（2 分） | 1.2.1 学习《教育法》等教育法律、法规、规章，促进各级各类教育协调发展，建立和完善终身教育体系 | 2 分 |
| | 1.3 相关科学理论（4 分） | 1.3.1 深入学习有关学习型社会的理论，树立全民学习、终身学习的理念 | 2 分 |
| | | 1.3.2 学习有关社区教育、终身教育和学习型组织理论，联系实际，指导工作 | 2 分 |

续表 4

| 一级指标 | 二级指标 | 三级指标 | 标准分值 |
| --- | --- | --- | --- |
| 1. 学习与宣传（15 分） | 1.4 宣传工作（4 分） | 1.4.1 利用各种媒体，采取多种形式对发展社区教育、促进学习型城区建设的意义进行广泛深入的宣传 | 2 分 |
| | | 1.4.2 广泛开展终身教育理论和学习型组织理论宣传活动，结合相关工作或部门特点开展“主题宣传活动”，效果明显 | 2 分 |
| 2. 组织与管理（19 分） | 2.1 规划与计划的制定（6 分） | 2.1.1 将发展社区教育、创建学习型城区、构建终身教育体系列入区县国民经济和社会发展规划、社区建设规划及教育发展规划 | 2 分 |
| | | 2.1.2 区县政府制定发展社区教育、促进学习型城区建设的计划或实施方案，措施具体可行 | 2 分 |
| | | 2.1.3 结合本区县实际，认真落实政府及相关部门年度工作计划，目标明确、任务具体、措施得力 | 2 分 |
| | 2.2 组织的建立（7 分） | 2.2.1 区县政府成立发展社区教育促进学习型城区（或学习型社会）建设委员会（领导小组），负责统筹、协调、指导工作，下设办公室负责日常工作。街道乡镇成立相应机构，有专人负责 | 3 分 |
| | | 2.2.2 委员会或领导小组由所辖有关部门、街道（乡镇）、单位主管负责人组成。各成员单位分工明确，目标责任落实 | 2 分 |
| | | 2.2.3 委员会或领导小组每年至少召开两次会议，研究工作，落实计划，总结实施情况等 | 2 分 |

续表 4

| 一级指标 | 二级指标 | 三级指标 | 标准分值 |
|---|---|---|---|
| 2. 组织与管理（19 分） | 2.3 网络的形成（6 分） | 2.3.1 形成纵向层级的社区教育网络（区县级、街道〈乡镇〉级，居〈村〉委会级） | 2 分 |
| | | 2.3.2 充分利用所在区域的小学、中学、大学、职业学校、成人学校及社会力量办学等教育资源，形成横向覆盖的社区教育网络 | 2 分 |
| | | 2.3.3 充分利用计算机网络、广播电视网等手段，开展学习教育活动 | 2 分 |
| 3. 条件与保障（32 分） | 3.1 制度保障（4 分） | 3.1.1 加强社区教育有关制度建设，建立需求调研制度、计划编制制度、检查评估制度、成果统计制度、理论研讨制度等 | 4 分 |
| | 3.2 队伍建设（5 分） | 3.2.1 具有一支专兼结合的管理人员队伍、师资队伍和志愿者队伍 | 3 分 |
| | | 3.2.2 重视各支队伍的组织建设，组织普通学校的干部、教师进入社区。重视社区教育管理人员和教师的培训 | 2 分 |
| | 3.3 经费保障（6 分） | 3.3.1 区县政府保证社区教育机构及开展工作的正常经费投入，并逐年有所增加 | 2 分 |
| | | 3.3.2 区县政府财政按常住人口每人每年不低于 1 元的标准设立发展社区教育促进学习型城区建设的专项经费 | 3 分 |
| | | 3.3.3 有关其他筹措经费的渠道 | 1 分 |
| | 3.4 基地建设（9 分） | 3.4.1 区县建立社区学院或社区教育中心（“学院”建筑面积不少于 20000 平方米，“中心”建筑面积不少于 10000 平方米） | 4 分 |
| | | 3.4.2 街道、乡镇建立社区教育中心（建筑面积不少于 500 平方米，市级示范性“中心”不少于 2000 平方米） | 2 分 |

续表 4

| 一级指标 | 二级指标 | 三级指标 | 标准分值 |
|---|---|---|---|
| 3. 条件与保障（32 分） | 3.4 基地建设（9 分） | 3.4.3 区县内有 70% 以上的教育培训机构（含所属各级各类学校）面向社区开放 | 2 分 |
| | | 3.4.4 充分发挥区县内文化教育资源（文化馆、图书馆、博物馆、档案馆、影剧院、体育场馆、有相关条件的部委科研机构）的社会教育功能和社区教育作用 | 1 分 |
| | 3.5 科研服务（4 分） | 3.5.1 设立社区教育及学习型社区研究咨询机构，每年有课题，有研究活动，有研究成果 | 2 分 |
| | | 3.5.2 组织编辑、出版社区教育及学习型城区的教材 | 1 分 |
| | | 3.5.3 为社区成员及社区组织提供教育培训信息咨询等服务 | 1 分 |
| | 3.6 检查评估（4 分） | 3.6.1 区县政府每年对社区教育及学习型城区建设工作进行检查督导，开展社区教育及学习型城区建设工作评估活动 | 2 分 |
| | | 3.6.2 每年对社区教育及学习型城区建设工作进行布置、总结，并对先进单位及个人进行表彰和奖励 | 2 分 |
| 4. 实施与成效（34 分） | 4.1 学前教育（3 分） | 4.1.1 开展多种形式的社区学前教育，普及学前 3 年教育；城区 0 ~ 3 岁儿童受教育率达到 90%，郊区 0 ~ 3 岁儿童受教育率逐年提高 | 3 分 |
| | 4.2 青少年教育（5 分） | 4.2.1 适龄儿童全部按时入学，入学率（小学、初中）达到市政府规定的指标，采取有效措施，辍学率不超过规定标准 | 1 分 |

续表 4

| 一级指标 | 二级指标 | 三级指标 | 标准分值 |
|---|---|---|---|
| 4. 实施与成效（34 分） | 4.2 青少年教育（5 分） | 4.2.2 高中阶段教育普及率达到市政府规定的指标。普通高中会考合格率达到 90% 以上，中等职业学校毕业生（含升入高等学校的学生）就业率达到 95% 以上 | 1 分 |
| | | 4.2.3 认真贯彻执行《中共中央国务院关于进一步加强和改进未成年人思想道德建设的若干意见》。实现青少年学校教育、家庭教育、社会教育相结合，大力开展校外社区教育，有措施、有成效。充分发挥校外教育机构的（“宫、馆、家”）作用 | 3 分 |
| | 4.3 成人教育（10 分） | 4.3.1 发挥社区学院的高等教育职能，为社区举办高等学历教育、远距离开放教育、短期培训，培训规模在 5000 人次 / 年（郊区县 3000 人次 / 年）以上 | 2 分 |
| | | 4.3.2 发挥辖区内各类学校的教育培训功能，为社区开展下岗失业人员再就业培训、农民培训、计算机和外语培训及各种社会文化生活教育等。全年参加各类教育培训和学习活动的总人数达到区县常住人口的 30% 以上 | 3 分 |
| | | 4.3.3 发挥街道（乡镇）及居（村）委会两级市民学校与乡、镇和村成人学校的作用，为社区居民开展公民道德教育、普法教育、职业技能培训、妇女教育、健康教育及各种社会文化生活教育等。全年参加培训及学习活动的总人数达本街道、乡镇常住人口的 30% 以上 | 3 分 |
| | | 4.3.4 区县属机关部门、行业、组织、企事业单位积极开展岗位培训、职业资格证书培训、继续教育，年培训率平均达到职工总数的 30% 以上 | 2 分 |

续表 4

| 一级指标 | 二级指标 | 三级指标 | 标准分值 |
| --- | --- | --- | --- |
| 4. 实施与成效（34 分） | 4.4 老年教育（3 分） | 4.4.1 开展多种形式的老年教育，参加老年教育学习活动的人数不少于老年人口的 60% | 3 分 |
| | 4.5 流动人口及弱势人群教育（4 分） | 4.5.1 对外来务工与经商人员依照政府行政规章进行教育培训，并有对其适龄子女依法接受义务教育的措施 | 2 分 |
| | | 4.5.2 关注弱势群体和特殊群体的教育需求，有教育培训的措施，不断提高他们的生存发展能力 | 2 分 |
| | 4.6 发展多类非正式教育（2 分） | 4.6.1 鼓励居民组织和参与多种学习及文化活动，发挥非正式教育的作用 | 2 分 |
| | 4.7 学习型组织建设（7 分） | 4.7.1 有计划地在辖区内开展学习型街道（乡、镇）、学习型居（村）委会创建工作 | 3 分 |
| | | 4.7.2 有计划地在辖区内推进各类学习型组织建设。有学习型机关（单位）、学习型企事业单位、学习型家庭及其他学习型组织建设试点，取得典型经验，并能带动全面工作 | 4 分 |
| 5. 特色与创新（10 分） | 5.1 特色（5 分） | 5.1.1 发展社区教育促进学习型城区建设工作在某方面有明显特色，成效显著 | 5 分 |
| | 5.2 创新（5 分） | 5.2.1 发展社区教育促进学习型城区建设工作在某方面有创新，成效显著 | 5 分 |

2005 年 7 月至 12 月，市教委认定丰台区、石景山区、顺义区为“发展社区教育促进学习型城区建设先进区”。2006 年 1 月、4 月和 11 月，市教委分别认定宣武区、东城区、大兴区为“发展社区教育促进学习型城区建设先进区”。

## 三、创建学习型区县先进区

2006 年 12 月，市教委组织开展第一批创建学习型城区先进区检查评估。对西城区、崇文区、朝阳区、海淀区等第一批创建学习型城区先进区检查评估。旨在在北京市创建学习型城市工作会议上表彰第一批创建学习型城区先进区县。在此次评估中，要求各先进区县对本区近两年来创建学习型城区工作进行全面总结，由主管教育的副区长向专家组做自评汇报。组织本区创建学习型机关、学习型企业、学习型街道（乡镇）及学习型学校三个先进单位代表就创建学习型组织工作向专家组做专题汇报。

2007 年 1 月 31 日，在区县自评的基础上，市教委、首都文明办、市民政局组织专家对有关区县发展社区教育，创建学习型区县工作进行了全面评估。经专家组审议，市教委、首都文明办、市民政局决定认定西城区、海淀区、崇文区、朝阳区、丰台区、石景山区、顺义区、宣武区、东城区、大兴区为北京市创建学习型区县先进区，认定房山区燕山地区办事处为北京市创建学习型区县先进单位。

2008 年 12 月 9 日至 12 日，学习型城市工作领导小组在怀柔区政府汇报、自评和领导小组办公室考察视导的基础上，组织专家对怀柔区创建学习型城区工作进行评估，认定怀柔区委发展社区教育促进学习型城区建设先进区；12 月 16 日，学习型城市工作领导小组认定昌平区为“北京市创建学习型城区工作先进区”；12 月 20 日，认定门头沟区为“北京市创建学习型城区工作先进区”。2010 年 11 月 25 日，认定延庆县为“北京市创建学习型区县工作先进县”。

## 第二节　学习型社区

20 世纪 90 年代初期到 20 世纪末，社区教育处于稳步发展阶段。这一时期，社区教育定位于包括基础教育、职业教育、成人教育及高等教育在内的大教育，定位于社区全体成员的素质教育，并把社区教育与社区建设、社区发展结合起来。进入新世纪以后，社区教育深化改革，进入全面建设学习型社区阶段。社区教育以创建学习型社区、促进学习型社会建设为发展目标。

至 2010 年，全市普遍建立“政府统筹领导、教育部门主管、有关部门配合、社会积极支持、社区自主管理、群众广泛参与”的社区教育管理体制和运行机制。全市各区县理顺了社区教育管理体制和运行机制，初步建立区县、街道（乡镇）、居委会（村委会）三级社区教育管理体系，在区和街道建立社区教育委员会。居委会设立分管社区教育的主任（或委员），加强对社区教育的统筹和管理，制定了较为完整的社区教育工作制度，形成以街道社区教育中心为主体、以社区学院为龙头、居委会市民学校为基础的“三结合”的社区教育基地和网络，开展了形式多样、内容丰富的社区教育培训活动。同时各区县优化整合教育资源，加快社区学院建设，东城区、西城区、崇文区、宣武区、朝阳区、海淀区、丰台区、石景山区、大兴区 9 个区已先后成立了社区学院，充分发挥其在社区教育中的龙头作用。

## 一、示范性社区教育中心

2001年6月26日，市政府转发市教委《关于加快发展社区教育的意见》，明确“开展社区教育是社区工作的重要部分，是提高首都市民素质的重要措施，是建立终身教育体系和进入学习化社会与实现教育现代化的重要内容”，并强调要“抓好一批具有区域特色的学习化企业、学习化团体、学习化社区、学习化家庭试点，并由此带动社区居民参与各种形式的教育与培训，使21世纪的北京成为‘人人皆学之市’”。2001年下半年，市教委在区县进行组织开展“发展社区教育促进学习化社区建设先进区县”评估，以此促进社区教育发展。

2002年5月14日，市教委印发《关于加强街道社区教育中心建设的通知》，要求各区县应大力加强作为三级社区教育网络中重要环节的街道社区教育中心的建设，要求在2002年底以前，在街道政府的统筹协调下，各街道至少建立1个社区教育中心。街道社区教育中心应有不低于200平方米的专门教育场所，有一定数量的图书、阅览设施和电教设备。市教委随即开始在全市范围内评选示范性社区教育中心。为推进街道社区教育中心建设，各区县开展社区教育中心建设，顺义区建立社区教育中心网站，并于2002年10月投入使用；石景山区于2003年组织开展社区教育中心年检等工作。为进一步促进街道社区教育中心建设，市教委从2002年开始在全市范围内评选示范性社区教育中心。

市教委《北京市示范性社区教育中心建设标准》，要求各示范性社区教育中心建筑面积达到2000平方米以上；专用教室不少于6个；建有计算机教室，计算机不少于30台；建有图书馆、阅览室，图书不少于1万册；有投影仪等用于教学工作的电教设备。社区教育中心有一支专兼结合、具有一定教学水平的师资队伍。其中，专职教师不少于5人。

2003年2月12日，市教委印发《关于在全市开展示范性社区教育中心评估工作的通知》，印发《北京市示范性社区教育中心评估指标体系》。

**2003年北京市示范性社区教育中心评估指标体系**

表5

| 一级指标 | 二级指标 | 三级指标 | 分值 |
|---|---|---|---|
| 1. 组织与管理（20分） | 1.1 街道或乡镇将街道社区教育中心建设纳入社区建设基本规划，并提出明确的建设目标和实施要求 | — | 10分 |
| | 1.2 街道或乡镇成立社区教育中心管理委员会或领导小组。每年至少召开一次专门会议研究社区教育中心建设问题 | — | 5分 |
| | 1.3 街道或乡镇有一名副主任或副书记主管社区教育中心工作，明确一个科室或部门分管社区教育中心工作 | — | 5分 |
| 2. 基础设施建设（30分） | 2.1 街道或乡镇每年投入一定的资金进行社区教育中心基础性建设，近三年累计投入资金超过100万元；能保证社区教育中心开展各项教育活动的经常性费用支出 | — | 10分 |

续表 5

| 一级指标 | 二级指标 | 三级指标 | 分值 |
|---|---|---|---|
| 2. 基础设施建设（30 分） | 2.2 社区教育中心建筑面积达到 2000 平方米以上。有较完备的教育设施及设备，且切实用于社区教育工作。鼓励引导区县在进行学校布局结构调整的同时，调整部分教育资源用于社区教育中心建设 | 2.2.1 社区教育中心专用教室不少于 6 个 | 2 分 |
| | | 2.2.2 建有计算机教室，计算机不少于 30 台 | 2 分 |
| | | 2.2.3 建有图书馆、电子共享阅览室，图书不少于 1 万册（含电子出版物或通过互联网与首都图书馆等单位联办） | 4 分 |
| | | 2.2.4 有投影仪等用于教学工作的电教设备 | 2 分 |
| | 2.3 注意运用网络化、信息化手段开展社区教育培训，提供教育服务。其中，专职教师不少于 5 人 | — | 5 分 |
| | 2.4 社区教育中心有一支专兼结合、具有一定教学水平的师资队伍。其中，专职教师不少于 5 人 | — | 5 分 |
| 3. 实施与成效（50 分） | 3.1 制定社区教育中心章程，建立并完善各项规章制度。年初应制定工作计划，每年进行工作总结 | — | 5 分 |
| | 3.2 社区教育中心建设及各项教育活动有文字记载，并逐年形成规范的档案资料 | — | 5 分 |

续表 5

| 一级指标 | 二级指标 | 三级指标 | 分值 |
|---|---|---|---|
| 3. 实施与成效（50 分） | 3.3 社区教育中心能从本社区实际出发，开展有较强针对性和实效性的教育培训活动，每年参与社区教育中心活动的人数不少于本社区常住人口的 30% | 3.3.1 坚持开展法律、社会公德和公民道德教育 | 3 分 |
| | | 3.3.2 为迎奥运开市民学外语培训班 | 3 分 |
| | | 3.3.3 为普及计算机知识，开计算机培训班 | 3 分 |
| | | 3.3.4 开展丰富多彩的青少年校外教育活动 | 3 分 |
| | | 3.3.5 配合街道、乡镇开展职业技术培训 | 3 分 |
| | | 3.3.6 对本社区外来务工经商人员进行教育培训 | 3 分 |
| | | 3.3.7 积极开展学习型小区、学习型家庭的试点及普及工作 | 3 分 |
| | | 3.3.8 开展科普教育、文明生活教育、心理和健康教育活动 | 3 分 |
| | | 3.3.9 开展社区老年教育活动 | 3 分 |
| | | 3.3.10 开展其他教育培训 | 3 分 |
| | 3.4（略） | — | 2 分 |
| | 3.5 社区教育中心每年至少召开一次社区居民学习经验交流会或建立学习型小区、家庭研讨会 | — | 2 分 |

续表 5

| 一级指标 | 二级指标 | 三级指标 | 分值 |
| --- | --- | --- | --- |
| 3. 实施与成效（50 分） | 3.6 能及时总结社区教育工作经验，积极开展社区教育科研活动。每年在有关刊物上发表关于社区教育研究的文章不少于 3 篇 | — | 3 分 |
| | 3.7 社区教育中心开展的各项教育活动得到社区居民的认可和好评，并产生良好的社会影响。每年区县级以上的媒体对社区教育中心活动的报道不少于 5 次（篇） | — | 3 分 |
| 4. 特色与创新（10 分） | 4.1 社区教育工作在某方面有明显的特色，成效显著 | — | 5 分 |
| | 4.2 社区教育工作在某方面有创新，成效显著 | — | 5 分 |

说明：本指标体系分值为 110 分，其中前 3 项一级指标 100 分，第四项“特色与创新”10 分为附加分。北京市示范性社区教育中心的合格平均分数为 85 分

市教委组织专家于 2003 年 9 月 16 日至 9 月 30 日对 13 个街道社区教育中心进行了评估，经专家组审核，市教委 12 月 5 日确定西城区月坛街道社区教育中心、朝阳区亚运村街道社区教育中心和海淀区西三旗街道社区教育中心等 13 个单位为北京市示范性社区教育中心。

## 北京市首批示范性社区教育中心名单

一、西城区月坛街道社区教育中心

二、朝阳区亚运村街道社区教育中心

三、海淀区西三旗街道社区教育中心

四、朝阳区东方社区教育中心

五、顺义区社区教育中心

六、西城区二龙路街道社区教育中心

七、昌平区宏福社区教育中心

八、海淀区海淀街道社区教育中心

九、房山区良乡镇社区教育中心

十、平谷区南独乐河镇社区教育中心

十一、大兴区黄村镇社区教育中心

十二、门头沟区社区教育中心

十三、丰台区卢沟桥街道社区教育中心

2004年9月29日，市教委公布2004年北京市第二批示范性社区教育中心名单，共有20个单位入选。

## 北京市第二批示范性社区教育中心名单

**一、区县级社区教育中心**

房山区社区教育中心

平谷区社区教育中心

延庆县社区教育中心

## 二、街道、乡镇级社区教育中心

东城区北新桥街道社区教育中心

东城区东华门街道社区教育中心

东城区和平里街道社区教育中心

西城区新街口街道社区教育中心

崇文区东花市路街道社区教育中心

宣武区广安门内街道社区教育中心、

宣武区天桥街道社区教育中心

朝阳区潘家园街道社区教育中心

朝阳区孙河街道社区教育中心

海淀区北大附中万柳社区教育中心

门头沟区大峪街道社区教育中心

房山区长沟镇社区教育中心

燕山区星城街道社区教育中心

大兴区采育镇社区教育中心

通州区马驹桥镇社区教育中心

顺义区北务镇社区教育中心

顺义区高丽营镇社区教育中心

## 二、学习型社区先进街道

2005 年 8 月 20 日，市教委、首都精神文明办、市民政局印发《关于评选创建学习型社区先进街道的通知》。文件强调，学习型街道、社区是区域性学习型组织。它统筹辖区内的教育、文化、科技等资源，实现资源共享，保证经费投入，加强教育设施建设，完善区域内终身学习的服务体系，为居民创设更好的学习条件。把提高市民素质作为学习的重点，引导市民在学习中增长知识，陶冶情操，提高思想道德和科学文化素质，形成文明健康的行为方式。积极推进学习型家庭建设，要求各区县要结合实际认真制定创建工作规划和计划，积极组织开展学习型社区的创建工作。文件同时印发《北京市创建学习型社区先进街道评估指标体系》。

**2005 年北京市创建学习型社区先进街道评估指标体系**

**表 6**

| 一级指标 | 二级指标 | 三级指标 | 分值 | 信息采集 |
|---|---|---|---|---|
| 1. 学习与宣传（15 分） | 1.1 理论学习（8 分） | 1.1.1 适应社区建设的需要，深入学习党和国家有关的方针政策、法律法规和规章规定 | 4 分 | 听取汇报，座谈访谈，查阅资料 |
| | | 1.1.2 学习终身教育、终身学习和学习型组织有关的理论 | 4 分 | 听取阐述和查阅资料 |
| | 1.2 宣传发动（7 分） | 1.2.1 利用各种媒体，采取多种形式，广泛深入宣传学习型街道建设的意义 | 4 分 | 听取阐述和查阅资料 |
| | | 1.2.2 结合街道特点，开展形式多样的主题宣传活动 | 3 分 | 座谈访谈，查阅记录 |

续表 6

| 一级指标 | 二级指标 | 三级指标 | 分值 | 信息采集 |
|---|---|---|---|---|
| 2. 组织与管理（20 分） | 2.1 组织与领导（7 分） | 2.1.1 成立由街道主要领导负责的学习型街道指导委员会；委员会下设办公室，由专人负责；各职能部门有明确分工 | 4 分 | 查阅文件等材料 |
| | | 2.1.2 委员会每年至少召开两次会议，研究创建工作，落实计划，总结实施情况等 | 3 分 | 查阅材料和记录 |
| | 2.2 规划与计划（6 分） | 2.2.1 把创建学习型街道工作列入街道发展规划和年度计划 | 3 分 | 查阅文件等材料 |
| | | 2.2.2 结合本街道实际情况，制定实施方案，措施具体可行 | 3 分 | 查阅文件等材料 |
| | 2.3 网络的形成（7 分） | 2.3.1 建立以社区教育中心及市民学校为主体、街道内各种教育机构为补充的社区教育网络 | 4 分 | 听取阐述和查阅资料，实地考察 |
| | | 2.3.2 充分利用现代信息技术网络和手段，开展教育培训和学习活动 | 3 分 | 查阅资料，实地考察 |
| 3. 条件与保障（25 分） | 3.1 经费保障（8 分） | 3.1.1 街道有保障学习型组织建设和社区教育开展的正常经费投入，并逐年有所增加 | 5 分 | 听取汇报和查阅资料 |
| | | 3.1.2 街道、居委会有其他经费筹措经费的渠道 | 3 分 | 查阅资料和记录 |
| | 3.2 基地建设（10 分） | 3.2.1 街道、社区居委会有开展教育活动的专用场地。街道的专用场地面积不少于 600 平方米，有书刊阅览和文娱活动的条件 | 4 分 | 实地考察 |

**续表 6**

| 一级指标 | 二级指标 | 三级指标 | 分值 | 信息采集 |
| --- | --- | --- | --- | --- |
| 3. 条件与保障（25 分） | 3.2 基地建设（10 分） | 3.2.2 街道内有 70% 以上的教育培训机构（各级各类的学校等）面向街道居民开展培训活动 | 3 分 | 查阅资料，听取居民反映 |
| | | 3.2.3 街道内有文化、科普宣传橱窗，并定期更换；街道及社区能够经常组织居民开展专题讲座、项目竞赛及文本 | 3 分 | 实地考察，听取居民反映 |
| | 3.3 队伍建设（7 分） | 3.3.1 街道、社区居委会有一支专兼职的社区教育管理人员队伍、教师队伍及志愿者队伍 | 5 分 | 查阅材料和记录 |
| | | 3.3.2 重视队伍建设，定期开展培训 | 2 分 | 查阅材料，听取居民反映 |
| 4. 实施与成效（40 分） | 4.1 学习培训活动（26 分） | 4.1.1 定期开展法律、社会公德和公民道德等方面的教育活动 | 4 分 | 查阅材料，听取居民反映 |
| | | 4.1.2 配合形势需要开展居民学外语、计算机以及各种社会文化生活教育等培训活动 | 4 分 | 查阅材料和数据统计，听取居民反映 |
| | | 4.1.3 开展丰富多彩的青少年校外教育活动 | 4 分 | 查阅材料和数据统计 |
| | | 4.1.4 对街道内的下岗失业人员、弱势群体、特殊群体开展有针对性、时效性的学习与职业技能培训活动，开展老年教育活动 | 4 分 | 查阅材料和数据统计，听取相关人员反映 |

续表 6

| 一级指标 | 二级指标 | 三级指标 | 分值 | 信息采集 |
|---|---|---|---|---|
| 4. 实施与成效（40 分） | 4.1 学习培训活动（26 分） | 4.1.5 对本街道外来务工经商人员、“农转非”人员以及他们的子女进行适应都市生活方面的教育培训 | 4 分 | 查阅资料，听取相关人员反映 |
| | | 4.1.6 每年参加街道组织的学习、培训活动的人数不少于常住人口的 30% | 6 分 | 查阅材料和数据统计 |
| | 4.2 学习型组织建设（14 分） | 4.2.1 积极开展学习型社区居委会、学习型家庭等创建活动，并且居民认可度高 | 7 分 | 查阅材料，听取居民反映 |
| | | 4.2.2 定期召开创建学习型组织的研讨会、经验交流会、表彰会等，推动创建活动深入持续的展开，并有档案材料 | 7 分 | 查阅材料和档案 |
| 5. 特色与创新（10 分） | 5.1 特色与创新（10 分） | 5.1.1 结合社区实际，创建工作有明显的特色，有鲜明的个性特征 | 10 分 | 听取汇报，查看相关材料 |

各区县先后自行组织学习型社区先进街道创建工作。

2007 年 7 月 11 日，市建设学习型城市领导小组办公室印发《关于开展创建学习型社区先进街道评估工作的意见》，此轮评估主要从：学习型社会、学习型社区创建的意义及方针政策的学习与宣传系统，创建领导机制、方案计划、创建过程的组织与管理系统，创建的人、财、物和制度的保障系统，创建中社区文化建设、辖区内学习型组织建设、社区活动、改革发展的实施与成效系统，创建特色与创新的加分系统五个方面对各街道创建学习型街道的情况进行整体评价。市建设学习型城市领导小组办公室同时印发《北京市创建学习型社区先进街道评估指标体系（修订）》。

**2007 年北京市创建学习型社区先进街道评估指标体系（修订）**

表 7

| 一级指标 | 二级指标 | 三级指标 | 分值 | 信息采集 |
|---|---|---|---|---|
| 1. 学习与宣传（10 分） | 1.1 政策理论学习（5 分） | 1.1.1 学习党和国家关于建设学习型社会及北京市委、市政府建设学习型城市文件的精神，理解创建学习型街道（社区）的意义 | 3 分 | 听取汇报，座谈访谈，查阅资料 |
| | | 1.1.2 学习学习型组织以及终身教育和终身学习的有关理论 | 2 分 | 听取阐述和查阅资料 |
| | 1.2 宣传普及发动（5 分） | 1.2.1 利用网络、广告、橱窗、宣传手册等多种形式，广泛深入宣传、普及学习型街道建设的意义，效果明显 | 3 分 | 听取阐述和查阅资料 |
| | | 1.2.2 积极适应环境变化，根据区域经济社会发展和街道自身发展要求，形成创建动力 | 2 分 | 座谈访谈，查阅记录 |
| 2. 组织与管理（10 分） | 2.1 组织与领导（4 分） | 2.1.1 成立由街道主要领导负责的创建学习型街道领导小组；领导小组下设办公室，有专人负责；各职能部门有明确分工，形成多方参与、分工负责、齐抓共管的创建工作机制 | 2 分 | 查阅文件等材料 |
| | | 2.1.2 领导小组每年至少召开两次会议，研究创建工作，落实创建计划，分析、总结实施情况 | 2 分 | 查阅材料和记录 |

续表 7

| 一级指标 | 二级指标 | 三级指标 | 分值 | 信息采集 |
|---|---|---|---|---|
| 2. 组织与管理（10 分） | 2.2 计划与方案（3 分） | 2.2.1 明确创建目标和创建思路，把创建学习型街道融入街道各项工作，并制定创建学习型街道计划 | 2 分 | 查阅文件等材料 |
| | | 2.2.2 结合本街道实际情况，制定实施方案，操作、措施具体可行 | 1 分 | 查阅文件等材料 |
| | 2.3 过程管理（3 分） | 2.3.1 重视创建工作过程，进行科学有效的管理 | 3 分 | 查阅文件等材料 |
| 3. 条件与保障（35 分） | 3.1 制度建设（6 分） | 3.1.1 建立检查、交流、表彰奖励等学习型街道创建工作的组织管理制度 | 4 分 | 听取汇报和查阅资料 |
| | | 3.1.2 建立并不断完善学习制度和教育培训制度 | 2 分 | 听取汇报和查阅资料 |
| | 3.2 经费保障（7 分） | 3.2.1 落实市有关文件要求，有保证学习型街道建设和社区教育开展的正常经费投入，并逐年提高 | 4 分 | 听取汇报和查阅资料 |
| | | 3.2.2 能积极开辟其他筹措经费的渠道 | 3 分 | 查阅资料和记录 |
| | 3.3 基地建设（15 分） | 3.3.1 整合辖区内普通教育资源，建设满足学习和教育需求的社区教育基地，其使用面积不少于 2000 平方米；街道建有多功能社区教育中心（社区教育学校），专用面积不少于 500 平方米 | 6 分 | 实地考察 |
| | | 3.3.2 居委会建有社区学校（市民学校），其面积不少于 100 平方米 | 3 分 | 查阅资料，听取居民反映 |

续表 7

| 一级指标 | 二级指标 | 三级指标 | 分值 | 信息采集 |
|---|---|---|---|---|
| 3. 条件与保障（35 分） | 3.3 基地建设（15 分） | 3.3.3 辖区内教育资源能积极向社区开放，有 70% 以上的教育培训机构面向市民开展学习、培训活动。能统筹、调动其他社会单位向市民提供学习服务 | 4 分 | 实地考察，听取居民意见 |
| | | 3.3.4 充分利用市、区两级远程信息技术手段为市民提供各种学习和教育服务 | 2 分 | 查阅资料、实地考察 |
| | 3.4 队伍建设（7 分） | 3.4.1 街道建有专兼职结合的创建工作者和社区教育管理工作者队伍，建有从事社区教育的教师队伍和志愿者队伍 | 4 分 | 查阅材料和记录 |
| | | 3.4.2 重视队伍建设，定期开展队伍培训 | 3 分 | 查阅材料和记录 |
| 4. 实施与成效（45 分） | 4.1 社区文化建设（8 分） | 4.1.1 加强社区文化建设，形成和谐、友爱、互助的区域文化 | 4 分 | 查阅材料、座谈、实地考察 |
| | | 4.1.2 形成明确的共同愿景，树立良好的社区形象，通过多种形式的文化活动，凝聚人心，促进社会风气的改善和社区的和谐稳定 | 4 分 | 查阅材料、座谈、问卷调查 |
| | 4.2 学习教育活动（18 分） | 4.2.1 结合形势发展和市民需求，开展“市民大讲堂”学习、教育活动，每年举办市民大讲堂不少于 10 期 | 4 分 | 查阅材料，听取居民反映 |
| | | 4.2.2 广泛开展形势、政策、法律法规、社会公德、公民道德、历史文化、文学艺术、外语、计算机以及各种社会文化生活等教育活动 | 3 分 | 查阅材料和数据统计，听取居民反映 |
| | | 4.2.3 开展丰富多彩的青少年校外教育活动 | 2 分 | 查阅材料和数据统计 |

续表 7

| 一级指标 | 二级指标 | 三级指标 | 分值 | 信息采集 |
| --- | --- | --- | --- | --- |
| 4. 实施与成效（45 分） | 4.2 学习教育活动（18 分） | 4.2.4 对辖区内的下岗失业人员、来京务工人员、“农转非”人员开展有针对性、时效性的学习与职业技能培训活动 | 3 分 | 查阅材料和数据统计 |
| | | 4.2.5 开展老年教育活动，提高老年人生命质量和生活质量，促进老年人“老有所学、老有所为、老有所乐” | 3 分 | 查阅材料和数据统计 |
| | | 4.2.6 每年参加学习教育活动的人次不少于常住人口的 50%，并不断扩大参与学习和教育人员的覆盖面 | 3 分 | 查阅材料和数据统计 |
| | 4.3 学习型组织建设（12 分） | 4.3.1 街道机关积极开展学习型机关的建设活动，在辖区内做出表率 | 4 分 | 查阅材料，开座谈会，听取居民反映 |
| | | 4.3.2 推进辖区内各类学习型组织建设。积极开展学习型社区居委会、学习型家庭、学习型社区居民组织等创建活动 | 5 分 | 查阅材料，听取居民反映 |
| | | 4.3.3 定期召开创建学习型组织的研讨会、经验交流会、表彰会等，推动创建活动持续地展开，并有档案资料 | 3 分 | 查阅材料和档案 |
| | 4.4 社区改革与发展（7 分） | 4.4.1 不断推进观念更新、改革创新，管理更加民主、科学、有效，能解决影响社区发展的实际问题，社区服务水平不断提高 | 4 分 | 查阅材料，听取居民反映 |
| | | 4.4.2 紧密结合了和谐社区建设和精神文明建设，明显促进了民主法治健全、基本社保均衡、公共服务完善、社区安全稳定、生活环境良好、邻里互助友爱 | 3 分 | 查阅材料，听取居民反映 |

续表 7

| 一级指标 | 二级指标 | 三级指标 | 分值 | 信息采集 |
|---|---|---|---|---|
| 5. 特色与创新（10 分） | 5.1 特色（5 分） | 5.1.1 发展社区教育，创建学习型街道成效显著，在某些方面有特色 | 5 分 | |
| | 5.2 创新（5 分） | 5.2.1 在发展社区教育，创建学习型街道工作中有所创新 | 5 分 | |

2008 年 1 月 18 日，市建设学习型城市领导小组办公室公布 2007 年北京市创建学习型社区先进街道评估结果。

## 2007 年北京市创建学习型社区先进街道名单

东城区景山街道

东城区安定门街道

西城区月坛街道

西城区德胜街道

崇文区体育馆街道

崇文区永外街道

宣武区天桥街道

朝阳区亚运村街道

海淀区学院路街道

海淀区西三旗街道

丰台区云岗街道

石景山区老山街道

顺义区石园街道

怀柔区泉河街道

怀柔区龙山街道

燕山地区星城街道

## 三、学习型乡镇

2005年8月20日，市教委、首都精神文明办、市农委印发《关于评选创建学习型农村社区先进乡镇的通知》，通知要求：为加快京郊农村地区教育发展，加速首都教育现代化，以实现农业现代化、农村城市化、农民知识化为目标，大力推进首都学习型城市建设，决定在郊区农村开展创建学习型农村社区先进乡镇评选工作。在农村城市化进程中，积极发展农村成人教育、社区教育，倡导终身教育和终身学习，面向农民和农村居民广泛开展现代科学技术知识、就业技能和现代文明生活方式等教育培训活动，不断提高他们思想道德素质、科学文化素质和职业技术素质，要求各区县充分认识开展学习型乡镇创建工作的重要意义，结合实际认真制定创建规划和工作计划，积极组织开展好创建工作。

**2005 年北京市创建学习型农村社区先进乡镇评估指标体系**

表 8

| 一级指标 | 二级指标 | 三级指标 | 分值 | 评估方法 |
|---|---|---|---|---|
| 1. 学习与宣传（5 分） | 1.1 对国家方针政策、法律法规和科学理论的学习（3 分） | 1.1.1 镇领导和各级干部能够深入学习十六大、十六届三中和四中全会精神，树立科学的发展观 | 2 分 | 查会议记录 |
| | | 1.1.2 认真学习并贯彻《教育法》《职业教育法》《民办教育促进法》等法律法规、规章，乡镇各级领导带头学习和理解有关“学习型社会”和“学习型组织”的科学理论，“梳理全新学习、终身学习的理念”，联系实际，指导工作 | 1 分 | 查会议记录 |
| | 1.2 宣传工作（2 分） | 1.2.1 利用电视、广播等媒体和宣传画册、文化墙、期刊、广告牌等形式想社区居民宣传终身教育、终身学习思想，广泛开展学习日、学习周和科技文化赶集等活动，发动社区成员广泛参与 | 2 分 | 查会议记录 |
| 2. 组织与管理（7 分） | 2.1 制定长远规划与年度计划（2 分） | 2.2.1 将创建学习型社区、构建终身教育体系纳入乡镇国民经济和社会发展规划、社区建设规划及教育发展规划。每年进行群众教育需求调研与统计，根据统计制定构建学习型乡镇、建立全民学习、终身学习的实施方案和年度工作计划，措施具体，操作性强 | 2 分 | 查阅文件 |

续表 8

| 一级指标 | 二级指标 | 三级指标 | 分值 | 评估方法 |
| --- | --- | --- | --- | --- |
| 2. 组织与管理（7 分） | 2.2 建立健全领导管理机构（2 分） | 2.2.1 成立由党委书记任组长、有关部门负责人为组员的学习型乡镇领导小组，负责统筹、协调、指导社区教育工作；下设办公室负责具体落实；领导小组有定期的例会制度，以加强各部门密切配合，相互协作 | 2 分 | 检查领导小组成员单位 |
| | 2.3 制度建设（1 分） | 2.3.1 建立健全学习教育培训的各项工作制度和激励学习的奖励制度 | 1 分 | 查文件、人员名单 |
| | 2.4 队伍建设（2 分） | 2.4.1 有一支专、兼职结合的社区教育管理人员队伍和教师队伍。定期组织社区教育管理人员及师资队伍进行培训；开展“学习型社会、组织”的理论知识培训。村委会有专（兼）职人员负责社区农民教育培训工作 | 2 分 | 查名单资料 |
| 3. 条件与保障（30 分） | 3.1 基地和网络建设（16 分） | 3.1.1 乡镇应建立有独立的社区教育中心或乡（镇）农民文化技术学校，建筑面积不少于 2000 平方米，并配有相应的教学、学习设备。图书藏书不少于 3000 册，有能够上网的计算机（不少于 40 台），有实验教室或场地，有学以致用的典型村或户，图书室、计算机房有专人管理、有完善的对外开放制度，500 人以上的村庄建立村成人学校 | 6 分 | 查资料实地考察 |
| | | 3.1.2 乡镇内各级各类教育机构以及镇文化、体育、卫生等社会资源，向社区居民开放 | 6 分 | 查资料、座谈会、实地考查 |

续表 8

| 一级指标 | 二级指标 | 三级指标 | 分值 | 评估方法 |
|---|---|---|---|---|
| 3. 条件与保障（30 分） | 3.1 基地和网络建设（16 分） | 3.1.3 充分利用计算机网络、农村远程教育网等资源开展社区教育，重点普及计算机基础和网络信息知识，提高村民的信息素养，每年相关的培训不少于劳动力人口的 50% | 4 分 | 查资料、座谈会、实地考查 |
| | 3.2 制度保障和咨询服务（4 分） | 3.2.1 加强各项有关制度建设，如教育资源开放制度、教育机构管理制度、教育教学制度等 | 2 分 | 实地考查 |
| | | 3.2.2 为社区成员、村民提供有关教育、培训、学习的信息咨询服务 | 2 分 | |
| | 3.3 经费保障（6 分） | 3.3.1 镇政府保证学习教育经费。用于学习教育的资金，占财政收入的 4%，并根据居民学习教育需求逐年增加 | 4 分 | 查核经费来源及使用证明材料 |
| | | 3.3.2 有其他筹措经费的渠道和措施 | 2 分 | 实地考查 |
| | 3.4 检查与评比（4 分） | 3.4.1 每年对创建学习型组织、家庭和个人进行布置、检查、评比、总结，并对先进单位、家庭及个人进行表彰和奖励 | 4 分 | 查会议记录、查名单 |
| 4. 实施与成效（46 分） | 4.1 婴幼儿教育（2 分） | 4.1.1 开展多种形式的学前教育，0~6 岁学龄前儿童受教育率达到 95% 以上。其中，3~6 岁幼儿入园率达到 100% | 2 分 | 查资料、听汇报 |

续表 8

| 一级指标 | 二级指标 | 三级指标 | 分值 | 评估方法 |
| --- | --- | --- | --- | --- |
| 4. 实施与成效（46分） | 4.2 青少年教育（2分） | 4.2.1 保证有学习能力的适龄儿童入学率（小学、初中）达到100%，年辍学率不超过2%；高中阶段教育普及率达到98%以上。镇、村、校三级组织建立三结合教育网络，有计划地做好所辖范围内的青少年德育、礼仪的常规教育，措施具体，富有成效 | 2分 | 查资料、听汇报、实地考察 |
| | 4.3 成人教育（6分） | 4.3.1 发挥镇、村两级社区教育学校的职能，为社区成员开展各种职业培训、农村富余劳动力转移培训。广泛开展社会文化生活教育，全年参加各类教育培训的总人数达到社区内常住人口的50%以上 | 4分 | 查资料、听汇报、实地考察 |
| | | 4.3.2 镇机关工作人员根据自身工作岗位和发展要求有效开展各种形式的学习、教育、培训 | 2分 | 查资料、文件，听汇报 |
| | 4.4 老年教育（2分） | 4.4.1 老年教育活动有规划、有活动方案、有活动成果，参加老年教育活动的人数不少于老年人口的50% | 2分 | 查资料、听汇报、查文件 |
| | 4.5 外来人口教育（4分） | 4.5.1 镇、村委会制定有保证外来务工、经商人员适龄子女依法接受义务教育的具体措施；制定对外来务工、经商人员接受教育培训的具体规定，使外来务工、经商人员接受教育培训达到50%以上（此条主要针对外来人口集中的乡镇） | 4分 | 查资料、听汇报、查文件 |

续表 8

| 一级指标 | 二级指标 | 三级指标 | 分值 | 评估方法 |
|---|---|---|---|---|
| 4. 实施与成效（46 分） | 4.6 学习型组织建设（12 分） | 4.6.1 镇机关开展学习型机关建设，对镇域内所属村委会和企事业单位要有计划地进行学习型组织的创建活动，年创建率要达到 10% | 4 分 | 查资料、听汇报、查文件 |
| | | 4.6.2 鼓励支持学习型家庭创建活动，每年评选学习型家庭不少于 30 家。18 岁以上人口平均受教育年限达到 10 年。对镇域内学习有成就的、有典型示范作用的个人进行表彰奖励 | 4 分 | |
| | | 4.6.3 本乡镇的农业专业合作组织良性发展，政府能够对专业合作组织和其他各类群众文化体育组织有扶持发展政策 | 4 分 | |
| | 4.7 经济效益（6 分） | 4.7.1 教育培训充分为本镇的产业结构调整与农村劳动力向二、三产业转移服务，非农产业就业比重逐年有所增加；镇域内劳动就业人口就业率达到 90% 以上，农村居民家庭人均纯收入能够在往年的基础上快速增长。镇域经济发展速度在全区各镇中处于前列 | 6 分 | 查资料、听汇报、座谈会 |
| | 4.8 社会效益（12 分） | 4.8.1 镇域内干群关系和谐，没有群访、重大上访事件的发生。鳏寡孤独及残障儿童有所养、有所乐、有所教；社会秩序稳定，人民安居乐业，非正常死亡率 0.2%，犯罪率降低至 15 起 / 万人以下。社会保险覆盖率达到 60% | 6 分 | 查资料、座谈会 |

续表 8

| 一级指标 | 二级指标 | 三级指标 | 分值 | 评估方法 |
| --- | --- | --- | --- | --- |
| 4. 实施与成效（46 分） | 4.8 社会效益（12 分） | 4.8.2 镇域内形成积极健康、蓬勃向上的文化特色，家庭美满有典型、有宣传，社会公告建设有主题、有活动；职业建设首先渗透在各行各业，成为隔热业绩的重要考核标准；每年举办科教致富评比活动 | 6 分 | 走访、座谈、查资料 |
| 5. 特色与创新（12 分） | 5.1 特色（6 分） | 5.1.1 学习型乡镇创建活动与镇实际情况相结合，形成特色，成效显著 | 6 分 | 听汇报、查资料 |
| | 5.2 创新（6 分） | 5.2.1 在创建学习型乡镇过程中，在创建的指导思想、措施、目标和方法等方面，具有独创性、新颖性、先进性，成效显著 | 6 分 | 听汇报、查资料、实地考察 |

同时，市教委、首都精神文明办、市农委印发《关于评选创建学习型新村先进村的通知》，通知强调，为落实农村教育在全面建设小康社会中基础性、先导性和全局性的战略地位，促进城乡教育协调发展，促进郊区农村各类教育的协调发展，市教委、首都文明办、市农委决定在全市开展创建学习型新村先进村的评选工作。创建学习型新村工作以全面提高农村劳动者的思想道德和科学文化技术素养，建设经济发达、文明和谐、环境优美的现代化新农村为目标。创建工作要紧紧围绕区域经济社会发展、产业结构调整和精神文明建设的需要，积极开展农村富余劳动力转移培训、现代农业生产技术培训、文明生活方式教育，帮助农民转变生产观念和生活观念，增强生产技能和增收致富本领，成为建设社会主义新农村的主力军。各区县要结合实际，认真制定创建规划和工作计划，积极组织指导开展好学型新村的创建工作。

**2005 年北京市创建学习型新村先进村评估指标体系**

表 9

| 一级指标 | 二级指标 | 考查方式 | 分值 |
|---|---|---|---|
| 1. 学习和规划（15 分） | 1.1 村干部树立了终身学习的观念，对终身学习有较深刻的认识；村民具备科学致富、学习光荣的良好风气 | 召开村民座谈会 | 5 分 |
| | 1.2 村委会制定长远发展目标和年度工作计划；重大事项及村民关注的热点、难点问题要村民代表会议讨论，并实行民主决策。村民对村委会评分 85 分以上比例占本村村民的 85% 以上 | 召开村民座谈会、调查问卷、村干部座谈 | 10 分 |
| 2. 环境和硬件（15 分） | 2.1 村容村貌干净整齐，村庄公共事务及时解决，村内公公卫生有干部负责，道路能够及时维修 | | 5 分 |
| | 2.2 加强村校建设，村校建筑面积不少于 500 平方米。村校建立社区教育工作制度，有实施远程条件和手段，教学设施能够满足村民教育需求，文化教育设施完备，能够满足村民需要。有不少于 1000 册的图书室对群众开放 | | 10 分 |
| 3. 实施与成效（60 分） | 3.1 0~6 岁学龄前儿童受教育率达到 95% 以上；3~6 岁幼儿入园率达到 100%；小学、初中入学率达到 100%；高中阶段教育普及率达到普及率达到 95% 以上；青少年参加校外教育活动比率达到 90% 以上 | 实地考察 | 10 分 |
| | 3.2 农村劳动力职业资格证书或技术等级证书持证率达到 50% 以上，中职（高中）以上学历达到 50% 以上，大专以上学历达到 60%，新增劳动力受教育年限达到 12 年以上 | 检查档案资料 | 10 分 |
| | 3.3 农村参加文化、卫生、体育、科普等教育活动率达到 60% 以上，老年受教育人口达到老年人的 60% 以上 | 检查档案资料 | 10 分 |

续表 9

| 一级指标 | 二级指标 | 考查方式 | 分值 |
|---|---|---|---|
| 3. 实施与成效（60 分） | 3.4 劳动人口就业率达到 90% 以上，家庭人均收入达到全区平均水平 110% 以上，村域经济总和实力在镇里处于上等水平 | 检查档案资料、召开座谈会 | 10 分 |
| | 3.5 没有群访、重大上访事件发生，鳏寡孤独及残障儿童有所养、有所乐、有所教，社会秩序稳定，人民安居乐业，非正常死亡率在 1% 以下，犯罪率在 1% 以下 | 检查档案资料、召开座谈会 | 10 分 |
| | 3.6 开展学习型家庭创建活动。学习型家庭占家庭总数的 20% 以上。能够在妇联、共青团、民兵组织中开展学习型组织的创建活动，并增强村民的合作和关心村庄发展的意识 | 检查档案资料、召开座谈会、入户走访 | 10 分 |
| 4. 特色与创新（10 分） | 4.1 创建学习型村访工作注重创新，形成特色 | 听汇报、考查 | 10 分 |

2007 年 7 月 11 日，市建设学习型城市工作领导小组办公室印发《关于开展创建学习型乡镇先进乡镇评估工作的意见》，指出：创建学习型乡镇，整合农村的各类教育和学习资源，建立农村的终身教育和终身学习服务体系，是提高农民整体素质和加快农村人力资源开发，提高农村社区的管理和服务水平，构建和谐乡镇、建设社会主义新农村的重要举措。此轮评估主要从：学习型社会、学习型乡镇创建的意义及方针政策的学习与宣传系统，创建领导机制、方案计划、创建过程的组织与管理系统，创建的人、财、物和制度的保障系统，创建中社区文化建设、辖区内学习型组织建设、教育培训活动、乡镇改革与发展的实施与成效系统，创建特色与创新的加分系统五个方面对各乡镇创建学习型乡镇的情况进行整体评价。

2008年1月18日，市建设学习型城市公布“2007年北京市创建学习型乡镇先进乡镇”评估结果，大兴区采育镇等6个乡镇入选。

### 2007年北京市创建学习型乡镇先进乡镇

大兴区采育镇

顺义区北务镇

顺义区马坡镇

怀柔区渤海镇

密云县石城镇

平谷区镇罗营镇

## 第三节　学习型企业

学习型企业建设工作始于2001年。2001年，北京市成人教育培训工程的“现代企业教育工程”提出，要“积极推进终身教育与终身学习，创建学习型企业”。同年，市教委、市经委、市商委、市建委、市市政管理委员会印发《关于进行“发展企业教育创建学习型先进单位”评估工作的通知》，强调创建学习型企业要紧紧围绕首都经济和社会发展的需要，结合本企业实际情况，贯彻以人为本的管理思想，树立终身教育的理念，推进并建立适应社会主义市场经济体制要求和现代化国际大都市特点的、体制健全、机智灵活、资源优化、精悍高校的现代企业教育制度。要积极推进有条件的企业基本建成具有中国特色、企业特点、能够满足企业可持续发展和员工终身学习需求的学习型企业。评估的主要目的是以评估促建设，以评估促发展，进一步深化企业教育改革，在企业中建立终身教育与终身学习的制度，创建学习型企业，使企业教育真正和企业的生产、经营紧密结合，促进企业技术创新体系的建立和发展。文件同时公布《北京市发展企业教育创建学习型企业先进单位评估指标体系》此轮评估先后评出两批学习型企业先进单位，并以此带动学习型企业的创建工作。

**2001 年北京市发展企业教育创建学习型企业先进单位评估指标体系**

**表 10**

| 一级指标 | 二级指标 | 标准分值 | 评估方式 |
|---|---|---|---|
| 1. 企业人力资源开发与教育培训的管理系统（20 分） | 1.1 执行和贯彻《教育法》、《职业教育法》及北京市实施办法等国家和北京市的有关法律法规；企业领导者、管理者树立终身教育观念，理解学习型企业的内涵；在企业发展战略中体现教育的战略地位，企业支持员工终身学习 | 3 分 | 座谈、查看相关文件或资料（制度、规定） |
| | 1.2 企业教育培训工作纳入公司章程；企业成立了全面指导企业教育工作的教育委员会，并由主要领导分管教育培训工作；企业高层领导会议定期研究教育培训工作 | 3 分 | 评估章程、查阅文件、座谈 |
| | 1.3 企业有教育培训和人力资源开发的中长期规划和年度实施计划，并纳入企业发展规划及年度生产经营计划 | 3 分 | 查看文件、资料，评估规划、计划 |

续表 10

| 一级指标 | 二级指标 | 标准分值 | 评估方式 |
| --- | --- | --- | --- |
| 1. 企业人力资源开发与教育培训的管理系统（20 分） | 1.4 企业重视人力资源开发，建立了培训、考核、使用（择优上岗）、待遇一体化的激励机制 | 8 分 | 查阅有关培训规定、制度，座谈 |
| | 1.5 企业鼓励员工积极参与生产、经营、管理等各方面的改革与创新；对改革和创新、提高工作绩效的行为有奖励政策和制度 | 3 分 | 评估政策、措施，座谈 |
| 2. 企业教育培训的保障系统（26 分） | 2.1 企业有相应的机构和人员负责教育培训的组织与实施，建立了完善、有效的教育培训实施系统 | 4 分 | 考察、座谈 |
| | 2.2 教育培训的经费投入有保证，企业按全年职工工资总额≥ 1.5% 或销售额的一定比例拨付职工教育经费 | 6 分 | 查看相关记录、数据 |
| | 2.3 建立了以专任教师为骨干、兼职教师为主体的结构合理的师资队伍 | 2 分 | 座谈、查阅资料 |
| | 2.4 企业明确规定各部门负责人有协同培训部门组织教育培训的职责，并对下属负有培训、指导的职责 | 2 分 | 座谈、查阅资料 |
| | 2.5 企业有健全的教育培训工作制度；每年对教育培训工作有计划，有检查、评比和表彰，有总结，有记录。对培训项目的质量控制有规定，有措施，有检查，有反馈 | 4 分 | 评估制度、座谈、查阅总结、记录 |
| | 2.6 企业具备便于员工学习和接受培训的物质条件，如教培基地、图书资料室及与企业生产经营发展相适应的教育培训设施 | 4 分 | 考察、座谈 |
| | 2.7 企业引导和帮助员工订立职业生涯发展规划及个人学习计划；认可员工的个人学习成就 | 2 分 | 查阅相关材料、座谈 |

续表 10

| 一级指标 | 二级指标 | 标准分值 | 评估方式 |
|---|---|---|---|
| 2. 企业教育培训的保障系统（26 分） | 2.8 重视开展企业教育理论研究与教学研究工作，注重总结经验，积极进行企业教育改革探索 | 2 分 | 查阅记录、座谈 |
| 3. 企业教育培训的实施系统（28 分） | 3.1 企业建立了高效的办学体制，形成了合理的教育结构。根据企业发展需求，开展中、高等职业教育或职业培训，其规模和形式符合要求 | 8 分 | 座谈、查看文件、资料 |
| | 3.2 重视培训项目设计。能针对体制改革、资本运作、管理创新、科研开发、产品更新、技术改造等开展培训。培训目标明确，课程设计合理，办学形式灵活。贯彻按需办学原则，努力体现个性化特点 | 8 分 | 对照规划、计划，检查落实情况 |
| | 3.3 运用现代教育技术，改革教学方式和方法 | 4 分 | 考查、座谈 |
| | 3.4 根据实际需求，充分运用社会教育资源，开展联合培训，实行校企合作 | 4 分 | 座谈、查阅资料 |
| | 3.5 企业员工有主动参加各类教育培训的积极性，并投入一定的个人学习时间和学习费用 | 4 分 | 查阅资料、座谈 |
| 4. 企业教育培训的成果、效益（26 分） | 4.1 近三年，企业产品质量不断提高，销售额、利税持续增长 | 2 分 | 座谈、查阅资料 |
| | 4.2 企业自身有明确的企业精神，初步形成了企业文化 | 3 分 | 查看资料、考察 |
| | 4.3 教育培训项目能够为企业提高或创造经济效益和社会效益 | 4 分 | 座谈、查看案例资料 |

续表 10

| 一级指标 | 二级指标 | 标准分值 | 评估方式 |
| --- | --- | --- | --- |
| 4. 企业教育培训的成果、效益（26 分） | 4.4 企业全员培训率达到 80%；专业技术人员每年参加继续教育学习的比率应达到 90%，专业技术人员每年参加继续教育学习时间累计达到 72 学时的比率达到 85%；普及了计算机和外语培训 | 4 分 | 查看数据、记录 |
| | 4.5 新员工的岗前培训率达到 100%；在就业准入制度范围内的从业人员及特种作业人员持证上岗率达到 100% | 4 分 | 查看数据、记录 |
| | 4.6 形成合理的职称、学历结构。其中，企业职工的初级工比例低于 30%，中级工比例高于 50%，高级工比例达到 20%。员工具有高中及以上文化程度的达到 75%；科技人员大专以上学历达到 90%；管理人员大专或中级职称以上达到 90% | 4 分 | 查看数据、图表等资料 |
| | 4.7 企业中科技人员、管理人员和技术工人获得行业认定的职业资格证书者占 80% 以上，获得国际通用职业资格证书者占 10% 以上 | 2 分 | 查阅资料 |
| | 4.8 企业领导和多数员工对教育培训工作表示满意 | 3 分 | 问卷、座谈 |
| 5. 特色加分（10 分） | 5.1 在上述评估指标的某一方面有突出表现。 | 10 分 | 查阅资料、考察、座谈 |
| | 5.2 在建立现代企业教育制度、创建学习型企业的探索方面有突出特点或形成模式。 | | |
| | 5.3 获得与企业教育培训、学习工作有关的重大奖励 | | |

说明：本指标体系分值为 110 分，其中前 4 项一级指标为 100 分，第 5 项特色加分为 10 分

2003 年 1 月 23 日，市教委公布 2002 年北京市发展企业教育创建学习型企业先进单位名单。该项评估在企业申报、自评的基础上，市教委组织

专家组队申报企业进行评估。通过评估，认定首钢总公司等 15 个企业为北京市发展企业教育创建学习型企业先进单位。

## 2002 年北京市发展企业教育创建学习型企业先进单位名单

首钢总公司

北京二七车辆厂

北京燕莎友谊商城有限公司

北京甘家口大厦

北京华天饮食集团公司

北京顺峰饮食娱乐有限公司

北京星光影视设备集团公司

北京渔阳集团

北京富帛实业股份有限公司

北京崇民防伪印刷集团

北京市利民物资有限公司

北京市昌平一建建筑有限责任公司

北京爱慕内衣有限公司

北京燕兴隆（集团）有限公司

北京夏都大厦

2004 年 1 月 14 日，市教委公布 2003 年北京市发展企业教育创建学习型企业先进单位名单，认定中国北京同仁堂（集团）有限责任公司、中国北京全聚德集团有限责任公司等13个企业为北京市发展企业教育创建学习型企业先进单位。

## 2003年北京市发展企业教育创建学习型企业先进单位名单

中国北京同仁堂（集团）有限责任公司

中国北京全聚德集团有限责任公司

北京京客隆超市连锁集团有限公司

北京市汽车修理公司

北京住总第六开发建设有限公司

北京菜市口百货股份有限公司

北京当代商城实业公司

北京华云建筑工程有限公司

北京光华染织厂

北京曙光药业股份有限公司

北京怀建集团有限公司

北京燕京啤酒集团公司

北京城建二建设工程有限公司

2005年8月20日，市教委、市总工会印发《关于评选创建学习型企业先进单位的通知》，同时印发《北京市发展企业教育创建学习型企业先进单位评估指标体系》。

2005年北京市发展企业教育创建学习型企业先进单位评估指标体系

表11

| 一级指标 | 二级指标 | 三级指标 | 标准分值 | 检评方法 |
|---|---|---|---|---|
| 1. 学习与认识（10分） | 1.1 法律法规与方针政策（5分） | 1.1.1 学习党和国家关于全面建设小康社会、创建学习型社会、促进人的全面发展的有关精神，树立科学的发展观、人才观、学习观，从本企业实际出发开展学习型企业创建工作。创建目的明确 | 3分 | 座谈，查看相关文件、资料 |
| | | 1.1.2 学习贯彻《教育法》、《职业教育法》及北京市实施办法等有关法律法规 | 2分 | |
| | 1.2 学习型企业理论（5分） | 1.2.1 企业领导者、管理者注重树立终身教育观念，能正确理解学习型企业的内涵和本质。努力实现领导者角色的转变 | 3分 | 座谈，查阅各种文件 |
| | | 1.2.2 认真宣传创建学习型企业的重要意义，在员工中普及学习型企业基本常识，效果明显 | 2分 | |
| 2. 组织与管理（18分） | 2.1 规划与计划（4分） | 2.1.1 有创建学习型企业实施方案 | 1分 | 查看文件、资料及方案、规划、计划 |
| | | 2.1.2 有企业人力资源开发规划 | 2分 | |
| | | 2.1.3 有企业教育培训的年度工作计划 | 1分 | |
| | 2.2 组织机构（5分） | 2.2.1 将人力资源开发和培训工作纳入公司章程。有全面统筹、协调、指导教育工作的企业教育领导机构。主要领导分管教育培训工作；领导班子定期研究教育培训工作 | 3分 | 座谈，查阅各种文件 |

续表 11

| 一级指标 | 二级指标 | 三级指标 | 标准分值 | 检评方法 |
|---|---|---|---|---|
| 2. 组织与管理（18 分） | 2.2 组织机构（5 分） | 2.2.2 教育培训管理系统健全且职责清楚、分工明确，有良好的运行机制 | 2 分 | 座谈，查阅各种文件 |
| | 2.3 过程管理（9 分） | 2.3.1 职能部门对创建学习型企业、人力资源开发、教育培训规划或计划的执行情况进行有效监控 | 3 分 | 座谈，查阅总结、记录等相关资料 |
| | | 2.3.2 对创建学习型企业活动和企业教育培训的质量进行跟踪管理。定期进行检查评估、并不断改进工作 | 4 分 | 查阅有关材料 |
| | | 2.3.3 重视和交流发展企业教育创建学习型企业工作的经验。开展的相关理论研究有成果 | 2 分 | 查阅有关成果和材料 |
| 3. 条件与保障（18 分） | 3.1 制度建设（6 分） | 3.1.1 建立和完善培训、考核、使用、待遇一体化的激励机制。建立鼓励员工不断创新和自我发展的有效机制 | 4 分 | 座谈，查看相关文件或资料（制度、规定、实例） |
| | | 3.1.2 健全企业教育培训的工作制度 | 2 分 | |
| | 3.2 队伍建设（4 分） | 3.2.1 有一支素质高、能力强的教育培训管理人员队伍 | 2 分 | 座谈，查阅相关资料，包括人员名单、聘书等 |
| | | 3.2.2 重视师资培训，有一支素质精良、结构合理、专兼结合的师资队伍 | 2 分 | |

续表 11

| 一级指标 | 二级指标 | 三级指标 | 标准分值 | 检评方法 |
| --- | --- | --- | --- | --- |
| 3. 条件与保障（18 分） | 3.3 经费保障（4 分） | 3.3.1 教育培训的经费投入有保证。企业按照不低于职工工资总额的 1.5% 的比例足额提取教育培训经费，从业人员技术素质要求高、经济效益较好的企业按不低于 2.5% 提取 | 2 分 | 座谈，查阅相关材料、财务证明等 |
| | | 3.3.2 多种渠道筹措教育培训经费 | 1 分 | |
| | | 3.3.3 职工教育经费使用合理、规范，符合有关规定 | 1 分 | |
| | 3.4 设施条件（4 分） | 3.4.1 企业具有教育培训场所和训练基地。具备相应的培训设施和现代化教育设备，以及图书室、资料、教材等 | 3 分 | 现场考察、查阅资料 |
| | | 3.4.2 根据实际需求，充分运用社会教育资源，开展联合办学，实行校企合作 | 1 分 | |
| 4. 实施与操作（22 分） | 4.1 员工发展（6 分） | 4.1.1 企业努力营造良好的学习环境。激励员工将学习与工作有机结合，在工作中不断学习、创新 | 2 分 | 座谈，查看资料 |
| | | 4.1.2 企业倡导、帮助员工制定职业生涯规划和学习计划 | 2 分 | |
| | | 4.1.3 企业提供学习的机会和条件；采取具体措施帮助员工学习，认可员工的学习成果 | 2 分 | |
| | 4.2 团队学习（4 分） | 4.2.1 注重总结员工的学习经验、方法等创造性成果。注意将个人学习成果广泛进行传播，转变为组织的财富 | 2 分 | 座谈，查看资料 |

**续表 11**

| 一级指标 | 二级指标 | 三级指标 | 标准分值 | 检评方法 |
|---|---|---|---|---|
| 4. 实施与操作（22 分） | 4.2 团队学习（4 分） | 4.2.2 在企业基层开展了学习型团队（部门、班组）创建活动 | 2 分 | 座谈，查看资料 |
| | 4.3 培训项目（6 分） | 4.3.1 能结合体制改革、资本运作、管理创新、科研开发、产品更新、技术改造等组织开展培训活动 | 3 分 | 座谈，查看资料 |
| | | 4.3.2 注重培训项目设计，培训目标明确，形式灵活多样 | 3 分 | |
| | 4.4 培训方法（6 分） | 4.4.1 开展培训方式和方法改革，有成效 | 3 分 | 座谈，考察，观摩，查看资料 |
| | | 4.4.2 注重运用现代教育技术开展培训 | 3 分 | |
| 5. 成果与效益（24 分） | 5.1 企业教育（3 分） | 5.1.1 从实际出发组织开展形式多样的教育培训活动，教学质量不断提高 | 1 分 | 查看相关资料、记录、数据及相关成果 |
| | | 5.1.2 紧密结合企业的生产经营活动开展教育培训，取得明显经济效益和社会效益 | 2 分 | |
| | 5.2 企业文化（4 分） | 5.2.1 重视企业文化建设，有明确的经营管理理念、企业精神和发展目标，得到员工的广泛认同 | 2 分 | 座谈，查阅各种文件 |
| | | 5.2.2 注重企业形象设计和建设 | 2 分 | |
| | 5.3 员工素质（8 分） | 5.3.1 企业员工主动参加各类教育培训，并投入一定的个人学习时间和学习费用 | 1 分 | 座谈，查阅各种文件。查看相关记录、数据、图表等资料 |

续表 11

| 一级指标 | 二级指标 | 三级指标 | 标准分值 | 检评方法 |
| --- | --- | --- | --- | --- |
| 5. 成果与效益（24 分） | 5.3 员工素质（8 分） | 5.3.2 每年企业全员培训率达到 90% 以上 | 2 分 | 座谈，查阅各种文件。查看相关记录、数据、图表等资料 |
| | | 5.3.3 管理人员中大专及以上学历的达到 90% 以上，员工中具有高中及以上文化程度的达到 75% | 2 分 | |
| | | 5.3.4 专业技术人员中每年参加继续教育学习时间累计达到 72 学时的比例达到 85% | 2 分 | |
| | | 5.3.5 在管理层和有明确要求的部门人员中普及了计算机和外语培训 | 1 分 | |
| | 5.4 人才成长（4 分） | 5.4.1 企业主动创造良好的人才成长环境。既重视研究、管理型人才的培养，也重视技能、技艺型人才的培养 | 2 分 | 座谈，查看相关资料、成果、实例 |
| | | 5.4.2 涌现出一批职业道德好，有较高知识水平和本岗位工作能力的人才。各类人才在企业发展中发挥着重要作用，在同行业和社会中有较大影响 | 2 分 | 座谈，查看人才实际的有关资料 |
| | 5.5 经营管理（5 分） | 5.5.1 企业经营管理水平得到提高，在经营管理的某些环节上成效显著 | 2 分 | 查看相关资料、记录、数据 |
| | | 5.5.2 近三年，企业产品质量不断提高，销售额、利税持续增长 | 3 分 | |
| 6. 特色与创新（20 分） | 6.1 特色（10 分） | 6.1.1 发展企业教育，创建学习型企业成效显著，在某些方面有创新，有特色 | 10 分 | 座谈，查看文件、资料 |

续表 11

| 一级指标 | 二级指标 | 三级指标 | 标准分值 | 检评方法 |
|---|---|---|---|---|
| 6. 特色与创新（20 分） | 6.2 创新（10 分） | 6.2.1 在发展企业教育创建学习型企业工作中有所创新 | 10 分 | 座谈，查看文件、资料 |

2005 年 9 月 21 日，市教委印发《关于加强企业教育推动学习型企业创建工作的意见》，文件提出，全市创建学习型企业工作将分两个阶段实施：第一阶段：通过培育典型、推广先进经验，不断扩大创建工作覆盖面。至 2008 年，争取有 100 家企业达到发展企业教育创建学习型企业先进单位的基本要求。充分发挥这些企业的典型示范作用，促进全市创建工作深入发展。第二阶段：到 2010 年全市有 50% 以上的各类企业参与学习型创建工作。全市各类企业中普遍开展学习型企业创建工作，相当一批企业（500 家）达到创建学习型企业先进单位的基本要求，创建工作持续发展。文件提出，开展创建活动要与企业的制度、管理、科技、教育创新相结合，与企业文化建设相互促进，要在充分调动企业员工积极性的基础上，扎实探索、逐步深化。通过创建活动，企业教育由过去强制性教育向促进职工终身学习转变，从阶段性教育向职工职业生涯全过程延伸；使企业教育真正和企业的生产经营、管理紧密结合，同技术进步、组织和管理创新相结合；在学习型组织管理理念和终身学习理念的指导下，形成灵活的学习机制、系统辩证的思维模式，开放互动的学习氛围、优秀的团队精神和持续创新、高速发展的学习型企业。

2006 年 6 月 1 日，市教委、市总工会印发《关于开展“发展企业教育创建学习型企业先进单位”评估工作的通知》，决定从 2006 年开始，继续在全市大中型企业开展“发展企业教育创建学习型企业先进单位”的评估活动。此次评估内容主要从学习型企业理论及方针政策的学习与认识系统、企业人力资源开发与教育培训的管理系统、企业教育培训的保障系统、企业教育培训的实施系统、企业教育培训的成果和效益系统以及特色加分系统六个方面对各企业发展企业教育、创建学习型企业的情况进行整体评价。

2006 年 12 月 26 日，市教委、市总工会公布“2006 年北京市发展企业教育创建学习型企业先进单位名单”。

## 2006 年北京市发展企业教育创建学习型企业先进单位名单

中国石化集团北京燕山石油化工有限公司

用友软件股份有限公司

北京·松下彩色显象管有限公司

福田汽车股份有限公司欧曼重型汽车厂

北京朝阳公园开发经营公司

北京东方信达资产经营总公司

北京高盟化工有限公司

北京顺鑫农业股份有限公司牛栏山酒厂

北京京煤集团有限责任公司化工厂

北京城建五建建设工程有限公司

北京华利佳合实业有限公司

北京龙辉京城气体有限公司

北京市石景山区环卫服务中心

2007 年 7 月 11 日，市学习型城市工作领导小组印发《关于开展创建学习型企业先进单位评估工作的意见》，意见强调本轮评估主要从创建学习型企业理论和实践意义及方针政策的学习与认识系统，创建人力资源开发与教育培训的组织与管理系统，创建制度和人、财、物的保障系统，创建员工发展、班组学习、培训的具体设计等实施系统，创建成果和效益系统以及创建特色加分系统等六个方面对各企业创建学习型企业的情况进行整体评价。市学习型城市工作领导小组同时印发《北京市创建学习型企业先进单位评估指标体系（修订）》

**2007 年北京市创建学习型企业先进单位评估指标体系（修订）**

**表 12**

| 一级指标 | 二级指标 | 三级指标 | 标准分值 | 备查材料及检评方法 |
|---|---|---|---|---|
| 1. 学习与认识（10 分） | 1.1 法律法规与方针政策（5 分） | 1.1.1 深入学习党和国家关于全面建设小康社会、创建学习型社会、促进人的全面发展的有关精神，树立科学的发展观、人才观、学习观，从本企业实际出发开展学习型企业创建工作。创建目的明确 | 3 分 | 查阅文件、报告、领导讲话、学习记录；座谈，访谈，问卷调查 |
| | | 1.1.2 深入学习贯彻《教育法》、《职业教育法》及北京市实施办法等有关法律法规。提高对现代企业教育工作重要性的认识，增强依法办教育的意识和能力 | 2 分 | |

续表 12

| 一级指标 | 二级指标 | 三级指标 | 标准分值 | 备查材料及检评方法 |
|---|---|---|---|---|
| 1. 学习与认识（10 分） | 1.2 学习型企业理论（5 分） | 1.2.1 企业领导注重树立终身教育理念，能正确理解学习型企业的内涵和本质。努力实现领导者角色的转变 | 3 分 | 查阅文件、报告、领导讲话、学习记录；座谈，访谈，问卷调查 |
| | | 1.2.2 采取多种形式，广泛深入宣传创建学习型企业的重要意义，营造创建学习型企业的舆论氛围，在员工中普及学习型企业基本知识，提高终身学习的自觉性，增强创新意识；结合时代特点和企业实际，充分认识创建学习型企业的必要性和紧迫性，形成创建动力 | 2 分 | |
| 2. 组织与管理（18 人） | 2.1 规划与计划（4 分） | 2.1.1 有明确的创建工作思路，把创建工作融入企业发展规划和年度计划；有员工广泛认同的创建学习型企业共同愿景和实施方案，实施方案的指导思想明确、措施具体可行 | 2 分 | 查阅方案、规划、计划 |
| | | 2.1.2 有企业人力资源开发规划，规划指导思想明确、措施具体可行 | 1 分 | |
| | | 2.1.3 有企业教育培训工作的年度计划，计划目标明确、任务具体、措施得力 | 1 分 | |
| | 2.2 组织机构（5 分） | 2.2.1 将人力资源开发和教育培训工作纳入公司章程；有全面统筹、协调、指导教育工作和学习型企业创建工作的企业领导机构，主要领导分管教育培训工作、学习型企业创建工作；建立健全各级领导责任制，实行目标管理，领导班子定期研究教育培训工作和学习理企业创建工作 | 3 分 | 查阅章程、文件、报告、领导讲话、会议记录；座谈，访谈，问卷调查 |

续表 12

| 一级指标 | 二级指标 | 三级指标 | 标准分值 | 备查材料及检评方法 |
|---|---|---|---|---|
| 2. 组织与管理（18 人） | 2.2 组织机构（5 分） | 2.2.2 教育培训和学习型企业创建工作管理系统健全且职责清楚、分工明确；创建工作形成了多方参与、分工负责、齐抓共管的良好运行机制 | 2 分 | 查阅章程、文件、报告、领导讲话、会议记录；座谈，访谈，问卷调查 |
| | 2.3 过程管理（9 分） | 2.3.1 职能部门对创建学习型企业工作的执行情况、人力资源开发的执行情况、教育培训规划或计划的执行情况进行有效监控，措施可行 | 3 分 | 查阅文件、活动记录、统计资料、文档资料；座谈，访问，问卷调查 |
| | | 2.3.2 对创建学习型企业活动和企业教育培训的质量进行跟踪管理，措施可行；定期进行检查评估，并不断改进工作 | 4 分 | |
| | | 2.3.3 重视发展企业教育、创建学习型企业工作经验的总结和交流；开展相关的理论研究，并且有成果 | 2 分 | |
| 3. 条件与保障（18 分） | 3.1 制度建设（6 分） | 3.1.1 建立和完善培训、考核、使用、待遇一体化的制度和激励机制；鼓励员工不断创新和自我发展 | 4 分 | 查阅文件、文档资料；座谈，访谈，问卷调查 |
| | | 3.1.2 健全企业教育培训的工作制度，制度规范、实用；健全创建学习型企业的工作制度，制度规范、实用 | 2 分 | |

续表 12

| 一级指标 | 二级指标 | 三级指标 | 标准分值 | 备查材料及检评方法 |
|---|---|---|---|---|
| 3. 条件与保障（18 分） | 3.2 队伍建设（4 分） | 3.2.1 有一支素质高、能力强的教育培训管理工作者队伍；有一支素质高、能力强的创建学习型企业管理工作者队伍 | 2 分 | 查阅文件、文档资料，编制名册、聘书、培训记录；座谈，访谈，问卷调查 |
| | | 3.2.2 有一支实力较强、结构合理、善于创新的师资队伍；重视对师资队伍的培训和提高 | 2 分 | |
| | 3.3 经费保障（4 分） | 3.3.1 教育培训的经费投入有保证。一般企业要严格按照不低于职工工资总额的 1.5% 的比例，技术要求高、经济效益较好的企业要按照不低于职工工资总额的 2.5% 的比例足额提取教育培训经费；企业培训经费投入及时到位，经费的三分之二要直接用于一线职工的岗位技能培训 | 2 分 | 查阅文件、规定和财务收支凭证复印件；座谈，访谈，问卷调查 |
| | | 3.3.2 企业根据需要能够安排其他经费用于学习和培训 | 1 分 | |
| | | 3.3.3 职工教育培训经费专款专用，使用合理、规范，符合有关规定 | 1 分 | |
| | 3.4 设施条件（4 分） | 3.4.1 企业具备教育培训场所和训练基地；具备相应的培训设施、现代化教育教学设备，加强信息网络设施的建设；有图书室、资料、教材等 | 3 分 | 查看文件、文档资料，活动记录；实地考察 |
| | | 3.4.2 根据实际需要，充分运用社会教育资源；实行校企合作办学 | 1 分 | |

续表 12

| 一级指标 | 二级指标 | 三级指标 | 标准分值 | 备查材料及检评方法 |
|---|---|---|---|---|
| 4. 实施与操作（20 分） | 4.1 员工发展（6 分） | 4.1.1 企业努力营造良好的学习环境，措施得力、有成效；激励员工将学习与工作有机结合，在工作中不断学习、创新，鼓励人人成才 | 2 分 | 查看文件、规划和计划、活动记录、成果资料；座谈，访谈，问卷调查 |
| | | 4.1.2 企业引导和帮助骨干员工制定职业生涯规划，企业引导全体员工制定学习计划。实施企业和员工共同发展的双赢战略 | 2 分 | |
| | | 4.1.3 企业提供学习的机会和条件，切实保障员工学习权利，努力满足员工多样化学习需求；认可员工的学习成果 | 2 分 | |
| | 4.2 团队学习（5 分） | 4.2.1 注重总结个人和团队的学习经验与成果；注意将个人和团队学习成果广泛进行传播，并转变为组织的财富，推进组织变革和工作效能的提高 | 2 分 | 查看文件、活动记录、成果资料；座谈，访谈，问卷调查 |
| | | 4.2.2 企业领导带头创建学习型领导班子。企业内学习型团队（部门、车间、班组）建设普遍开展，并涌现出一批先进典型。开展学习型团队创建参与率逐年提高，2010 年达到 80% 以上。企业尝试进行组织学习和知识管理，使创建工作进一步深入 | 3 分 | |
| | 4.3 培训项目（6 分） | 4.3.1 能结合体制改革、资本运作、管理创新、科研开发、产品更新、技术改造等开展学习、培训活动；能按计划保质保量完成各项学习、培训任务 | 3 分 | 查看文件、活动记录、设计资料；座谈，访谈，问卷调查 |

续表 12

| 一级指标 | 二级指标 | 三级指标 | 标准分值 | 备查材料及检评方法 |
|---|---|---|---|---|
| 4. 实施与操作（20分） | 4.3 培训项目（6分） | 4.3.2 注重培训项目设计，重点开展符合本企业发展要求的特色培训，加强创新型、复合型和紧缺的高技能型人才培养，培训项目设计科学、规范；努力提高员工的工作能力、职业转换能力和创业能力，培训目标明确、形式灵活多样 | 3分 | 查看文件、活动记录、设计资料；座谈，访谈，问卷调查 |
| | 4.4 培训方法（3分） | 4.4.1 开展培训方式和方法的改革，善于运用更加便利、更能挖掘员工潜力的新方式、方法；尝试使用深度汇谈等学习工具和方法开展团队、组织学习 | 2分 | 查看活动记录、文档资料，座谈，实地考察，观摩 |
| | | 4.4.2 注重运用现代教育技术开展培训，成效显著 | 1分 | |
| 5. 成果与效益（26分） | 5.1 企业教育（3分） | 5.1.1 从实际出发组织开展形式多样的教育培训活动，教学质量不断提高 | 1分 | 听取汇报，查阅有关文件和统计材料；座谈，实地考察 |
| | | 5.1.2 紧密结合企业的生产经营活动开展教育培训；取得明显的经济效益和社会效益 | 2分 | |
| | 5.2 企业文化（5分） | 5.2.1 重视企业文化建设，有明确的经营管理理念、企业精神，形成与时俱进、追求卓越、勇于创新、人际和谐的组织文化，并得到员工的广泛认同 | 3分 | 听取汇报，查阅有关文件和统计材料；座谈，实地考察 |
| | | 5.2.2 注重企业形象设计，建立能够突出企业个性特征的识别系统，并被员工所认知；注重企业形象建设，提高企业知名度和美誉度 | 2分 | |

续表 12

| 一级指标 | 二级指标 | 三级指标 | 标准分值 | 备查材料及检评方法 |
|---|---|---|---|---|
| 5. 成果与效益（26 分） | 5.3 员工素质（9 分） | 5.3.1 企业员工主动参加各类教育培训，并投入一定的个人学习时间和学习费用 | 1 分 | 听取汇报，查阅有关文件和统计材料；座谈，实地考察 |
| | | 5.3.2 每年企业开展全员培训；年培训率达到 90% 以上 | 2 分 | |
| | | 5.3.3 管理人员中大专及以上学历的达到 90% 以上，员工中具有高中以上文化程度的达到 75% | 2 分 | |
| | | 5.3.4 专业技术人员每年参加继续教育学习；时间累计达到 72 学时的比例达到 80% | 2 分 | |
| | | 5.3.5 在管理层和有明确要求的部门人员中普及了计算机培训和外语培训 | 1 分 | |
| | | 5.3.6 新员工的岗前培训率达到 100% | 1 分 | |
| | | 5.3.7 执行劳动准入制度。特种作业人员持证上岗率达到 100% | 2 分 | 听取汇报，查阅有关文件和统计材料；座谈，实地考察 |
| | | 5.3.8 科技人员、管理人员和技术人员获得行业认定的资格证书者占 80% 以上，部分员工获得国际通用职业资格证书 | 2 分 | |
| | | 5.3.9 员工中的初级工比例低于 30%，中级工比例高于 50%，高级工和技师的比例达到 20% | 3 分 | |

续表 12

| 一级指标 | 二级指标 | 三级指标 | 标准分值 | 备查材料及检评方法 |
| --- | --- | --- | --- | --- |
| 5. 成果与效益（26 分） | 5.4 人才成长（4 分） | 5.4.1 企业主动创造良好的人才成长环境。既重视研究、管理型人才的培养，也重视技能、技艺型人才的培养 | 2 分 | 听取汇报，查阅有关文件和统计材料；座谈，实地考察 |
| | | 5.4.2 涌现一批职业道德好，有较高知识水平和本岗位工作能力的人才。各类人才在企业发展中发挥着重要作用，在同行业和社会中有较大影响 | 2 分 | |
| | 5.5 经营管理（5 分） | 5.5.1 企业经营管理水平得到提高，企业的业绩和贡献得到员工和社会的广泛认同。在经营管理的某些环节上成效显著 | 2 分 | 听取汇报，查阅有关文件和统计材料；座谈，实地考察 |
| | | 5.5.2 近三年，企业产品质量不断提高，销售额、利税持续增长 | 3 分 | |
| 6. 特色与创新（20） | 6.1 特色（10 分） | 6.1.1 发展企业教育创建学习型企业成效显著，在某些方面有特色 | （10 分） | 听取汇报，查阅有关文件和统计材料；座谈，实地考察 |
| | 6.2 创新（10 分） | 6.2.1 在发展企业教育创建学习型企业工作中有明显创新 | （10 分） | 听取汇报，查阅有关文件和统计材料；座谈，实地考察 |

2007 年 12 月 17 日，市学习型城市领导小组办公室公布 2007 年北京市创建学习型企业先进单位评估结果，北京建工集团有限责任公司等 9 个企业入选。

### 2007年北京市发展企业教育创建学习型企业先进单位名单

北京建工集团有限责任公司

北京便宜坊烤鸭集团有限公司

北京顺鑫农业发展集团有限公司

北京红星股份有限公司

北京首云铁矿

北京市西城区环境卫生服务中心

北京市石景山区自来水公司

北京林河工业开发总公司

北京燕华建筑安装工程有限责任公司

## 第四节　学习型学校

2005年8月20日，市委教工委、市教委、市教育工会印发《关于评选创建学习型学校先进单位的意见》。在全市中小学校（含各类幼儿园、普通中学、中等职业学校、成人学校）中大力开展创建学习型学校活动。创建学习型学校强调组织学习，学习的主体是学校本身或团队整体，而非一般的个体学习。各区县委教育工委、各区县教委、教育工会成立创建学习型学校工作领导小组，组长由区县教委、教育工会主要负责人担任。明确创建工作的主管科室，做到创建工作组织、内容、措施三落实。

**2005 年北京市创建学习型学校先进单位评估指标体系**

表 13

| 一级指标 | 二级指标 | 三级指标 | 分值 | 信息采集 |
|---|---|---|---|---|
| 1. 学习与认识（24 分） | 1.1 理论学习（12 分） | 1.1.1 学习党和国家有关方针政策，学习现代教育理论，树立终身教育、终身学习观念 | 4 分 | 座谈访谈，查阅记录或问卷调查 |
| | | 1.1.2 学习学习型组织基本理论，了解和掌握创建学习型组织的基本要求 | 8 分 | 座谈访谈，查阅记录。听取领导阐述和教职工反映。问卷调查 |
| | 1.2 理念确立（12 分） | 1.2.1 终身教育和终身学习的理念在学校形成共识；确立育人为本思想 | 3 分 | 听取汇报和教职工反映 |
| | | 1.2.2 结合学校实际形成有特色的教育理念 | 3 分 | 听取汇报和教职工反映 |
| | | 1.2.3 形成具有本校特点的创建工作思路，教职工对学校的创建思路形成共识 | 6 分 | 召开座谈访谈，问卷调查 |
| 2. 组织与领导（16 分） | 2.1 领导作用（8 分） | 2.1.1 学校领导高度重视组织学习，将创建工作同学校改革发展和师生员工全面发展有机结合 | 8 分 | 查阅记录、召开座谈访谈 |
| | 2.2 组织保障（8 分） | 2.2.1 创建工作有组织和领导保障，具体部门职责明确 | 4 分 | 查阅文件、会议记录档案材料 |
| | | 2.2.2 创建工作系统清晰，齐抓共管，层层落实 | 4 分 | 查阅文件、会议记录档案材料 |

续表 13

| 一级指标 | 二级指标 | 三级指标 | 分值 | 信息采集 |
|---|---|---|---|---|
| 3. 管理与实施（30 分） | 3.1 规划计划（4 分） | 3.1.1 将创建学习型学校工作融入学校发展规划 | 2 分 | 听取领导班子报告，查阅有关记录 |
| | | 3.1.2 有创建工作方案和学年年度计划 | 2 分 | 听取领导班子报告，查阅有关记录 |
| | 3.2 共同愿景（4 分） | 3.2.1 重视学校共同愿景的形成，师生员工普遍认同学校共同愿景的内容 | 2 分 | 查阅文件，座谈访谈 |
| | | 3.2.2 鼓励并指导师生员工根据学校建设和自身发展需要，制定职业生涯规划 | 2 分 | 听取汇报，在教职工中调研 |
| | 3.3 组织学习（6 分） | 3.3.1 推动组织学习，促进学校和个人发展，学习效果明显 | 2 分 | 考察学习制度和系统，评估学习效果 |
| | | 3.3.2 各部门积极参与组织学习，涌现出一批创建工作先进典型 | 2 分 | 考察案例，总体评估 |
| | | 3.3.3 有多元、开放、反馈的学习系统，通过科学、持久、有效的学习对创建过程进行控制与管理，形成有效的督导、促进机制 | 2 分 | 查阅文件、会议记录档案材料 |
| | 3.4 人才成长（4 分） | 3.4.1 根据学校发展和教职工实际，制定教职工发展与培养计划 | 2 分 | 查阅文件和记录 |
| | | 3.4.2 建立促进教职工人才成长的投入与激励机制，形成有利于人才成长的良好氛围 | 2 分 | 查阅文件和记录，座谈访谈 |

续表 13

| 一级指标 | 二级指标 | 三级指标 | 分值 | 信息采集 |
| --- | --- | --- | --- | --- |
| 3. 管理与实施（30 分） | 3.5 和谐发展（6 分） | 3.5.1 发挥民主管理作用，对于教职工的优秀建议给予表彰和奖励 | 3 分 | 座谈访谈，问卷调查 |
| | | 3.5.2 密切干群关系、同事关系、师生关系，营造良好的育人环境 | 3 分 | 座谈访谈，问卷调查 |
| | 3.6 服务社区（6 分） | 3.6.1 积极参与社区教育活动，促进学校、家庭和社会教育的有机结合 | 2 分 | 考察街道、社区有关工作 |
| | | 3.6.2 有组织地开放学校的教育资源，为社区居民服务 | 2 分 | 考察街道、社区 |
| | | 3.6.3 组织教师深入社区为居民提供教育服务 | 2 分 | 个案考察 |
| 4. 成绩与效果（30 分） | 4.1 校园文化（4 分） | 4.1.1 形成具有本校特色的校园文化，并体现在学校的各项工作和活动中 | 2 分 | 考察学校环境、访谈座谈 |
| | | 4.1.2 全校教职工遵纪守法，遵守师德规范，社会及家长的满意度高 | 2 分 | 查阅记录和档案 |
| | 4.2 队伍建设（10 分） | 4.2.1 全体教职工遵纪守法，遵守师德规范，社会及家长的满意度高 | 2 分 | 查阅记录和档案，座谈访谈 |
| | | 4.2.2 涌现出在全国、全市或本地区有较大影响的优秀教师、学科带头人、骨干教师、班主任与教育管理者 | 2 分 | 查阅记录和档案 |
| | | 4.2.3 教职工积极创新，勇于探索学校取得多项教改或科研成果 | 2 分 | 查阅记录和档案，停课 |
| | | 4.2.4 重视提高教师运用现代教育技术的水平，效果明显 | 2 分 | 实地考察、座谈会 |
| | | 4.2.5 注重开展教职工心理健康教育，注重解决教职工成长中的困惑，教职工心理教育成果显著 | 2 分 | 查阅记录和档案，座谈访谈 |

续表 13

| 一级指标 | 二级指标 | 三级指标 | 分值 | 信息采集 |
|---|---|---|---|---|
| 4. 成绩与效果（30 分） | 4.3 行动研究（6 分） | 4.3.1 教师积极参与教学改革，取得一定成效 | 2 分 | 查阅记录和档案，座谈访谈 |
| | | 4.3.2 积极开展教学科研工作，取得多项成果，有效地促进了教育教学工作的开展 | 2 分 | 查阅记录和档案，座谈访谈 |
| | | 4.3.3 鼓励教师争对教育教学重点的问题，寻求有效的解决方案 | 2 分 | 查阅档案，召开座谈访谈 |
| | 4.4 管理水平（6 分） | 4.4.1 学校领导团结协作，指挥畅通、深入工作一线，管理能力和管理水平得到提高，群众反映良好 | 2 分 | 听取报告，座谈访谈，问卷调查 |
| | | 4.4.2 学校管理体制和运行机制安全有序，学校各项工作健康发展 | 2 分 | 听取报告，座谈访谈，问卷调查 |
| | | 4.4.3 以德育为首，教学为中心，校内各部门主动为教学服务，教育教学质量不断提高 | 2 分 | 座谈访谈，问卷调查，查阅记录和档案 |
| | 4.5 学生成长（4 分） | 4.5.1 认真贯彻党的教育方针，全面实施素质教育，促进学生全面成长。开展各种社会实践活动，学生综合素质不断提高 | 2 分 | 听取汇报，查阅文件，座谈访谈 |
| | | 4.5.2 坚持教书育人，认真开展学生思想道德建设，加强少先队、共青团建设，注重进行心理健康教育，成效显著 | 2 分 | 座谈访谈，听课，个案考察 |
| 5. 特色与创新（10 分） | 5.1 特色（5 分） | 5.1.1 创建工作形成了鲜明的特色，并产生了良好的社会影响 | 5 分 | 查阅文件、会议记录档案材料 |
| | 5.2 创新（5 分） | 5.2.1 创建工作有创新，获得国家、市、区的表彰和奖励 | 5 分 | 查阅文件、会议记录档案材料 |

2007 年 7 月 11 日，市学习型城市工作领导小组办公室印发《关于开展创建学习型学校先进单位评估工作的意见》，文件强调要发挥各级各类学校在建设学习型城市中的引领和骨干作用，提高教育系统的教育管理水平，增强广大教职员工的学习力、创新力和适应社会发展的能力，激发其为率先基本实现首都教育现代化而奋斗的主动性和自觉性。此轮评估主要从学习型学校的创建保障、创建过程与创建成效三个方面对学校创建学习型学校的情况进行整体评价。

**2007 年北京市创建学习型学校先进单位评估指标体系（修订）**

**表 14**

| 一级指标 | 二级指标 | 三级指标 | 分值 | 信息采集 |
|---|---|---|---|---|
| 1. 创建保障（20 分） | 1.1 组织机构（4 分） | 1.1.1 领导班子高度重视，成为创建工作的设计者，有专人负责创建工作 | 2 分 | 听取汇报，座谈，查阅资料 |
| | | 1.1.2 创建工作管理系统健全，分工合理，具体部门责权明晰 | 2 分 | 听取汇报，座谈，查阅资料 |
| | 1.2 制度建设（12 分） | 1.2.1 有领导班子定期研究创建工作的制度，并能够有效落实 | 2 分 | 听取汇报，座谈，查阅资料 |
| | | 1.2.2 有定期检查、评价、总结创建工作的制度，并能够将结果用于工作改进 | 3 分 | 听取汇报，座谈，查阅资料 |
| | | 1.2.3 建立了符合实际的全员学习制度，教师能力建设和校本培训有制度保障 | 2 分 | 问卷，座谈访谈，查阅资料 |

**续表 14**

| 一级指标 | 二级指标 | 三级指标 | 分值 | 信息采集 |
|---|---|---|---|---|
| 1. 创建保障（20 分） | 1.2 制度建设（12 分） | 1.2.4 建立合理的教师聘用、工作考核与奖罚制度，形成有利于教职工学习和成长的激励机制。制定过程合理、公正、公开；大多数教职工对以上制度、制定程序和效果了解、理解并表示满意 | 5 分 | 问卷，座谈访谈，查阅资料 |
| | 1.3 条件保障（4 分） | 1.3.1 学校保证开展创建工作所需经费 | 1 分 | 查阅资料 |
| | | 1.3.2 建立多元、开放、反馈的学习系统，有一定的硬件保障，努力为教职工培训、学习提供机会和条件 | 3 分 | 听取汇报问卷，座谈访谈，查阅资料 |
| 2. 创建过程（50 分） | 2.1 学习宣传（8 分） | 2.1.1 深入学习中共中央和北京市委建设学习型社会和学习型城市的文件精神、学习型组织的基本理论，中层以上干部要能够把握学习型组织的本质特征和基本要求，大部分教职工了解学习型组织的本质特征和基本要求 | 3 分 | 问卷，座谈访谈，查阅资料 |
| | | 2.1.2 采取有效方式，宣传建设学习型组织对于学校发展的必要性、紧迫性，形成创建动力，宣传本学校的创建思路，做到大多数教职工了解，并获得大多数教职工的认同和支持 | 2 分 | 问卷，座谈访谈，查阅资料 |
| | | 2.1.3 学校班子成员能够结合教职工存在的问题与困惑，深入浅出地宣讲学习型组织的基本理论和本学校的创建思路 | 3 分 | 听取汇报，座谈访谈，查阅资料 |

续表 14

| 一级指标 | 二级指标 | 三级指标 | 分值 | 信息采集 |
| --- | --- | --- | --- | --- |
| 2. 创建过程（50 分） | 2.2 方案计划（4 分） | 2.2.1 有与学校发展规划相协调的创建工作方案。该方案符合学校实际，工作目标、工作重点与阶段目标明确；制定过程合理，绝大多数教职工了解、认可，有利于凝聚力量 | 2 分 | 听取汇报，座谈访谈，查阅资料，问卷 |
| | | 2.2.2 有创建工作学年度计划。该计划与总体方案相协调，措施具体、可行、针对性强，效果可检测，相关人员清楚本部门年度工作任务与重点 | 2 分 | 听取汇报，座谈访谈，查阅资料 |
| | 2.3 工作运行（8 分） | 2.3.1 创建工作方案与学年度计划落实到位 | 4 分 | 听取汇报，访谈，查阅资料 |
| | | 2.3.2 依据制度加强监控，定期检查、评价、总结和改进创建工作 | 4 分 | 听取汇报，访谈，查阅资料 |
| | 2.4 组织学习（12 分） | 2.4.1 制定符合实际、针对性强的计划，能够落实教师能力建设和校本培训制度 | 2 分 | 听取汇报，问卷，座谈，查阅资料 |
| | | 2.4.2 教师能力建设和校本培训工作落实到位，实施过程有管理、有考核、有改进；效果得到大多数职工的认可 | 3 分 | 听取汇报，座谈访谈，查阅资料，问卷 |
| | | 2.4.3 在鼓励个人不断学习的基础上，采取多种形式开展团队学习、组织学习 | 2 分 | 听取汇报，座谈，查阅资料 |

续表 14

| 一级指标 | 二级指标 | 三级指标 | 分值 | 信息采集 |
|---|---|---|---|---|
| 2. 创建过程（50 分） | 2.4 组织学习（12 分） | 2.4.4 加强知识管理，校内传播、交流、共享学习成果和工作经验的渠道畅通，分享了本校积累成果和经验的有效方法，并取得良好效果 | 3 分 | 听取汇报，问卷，座谈，查阅资料 |
| | | 2.4.5 采取多种沟通交流形式，形成干群之间、教师之间、师生之间平等对话、互动研讨解决学校问题的环境和氛围 | 2 分 | 听取汇报，问卷，查阅资料 |
| | 2.5 教师成长（6 分） | 2.5.1 学校领导倡导和指导教职工根据社会发展、学校建设和自身发展的需要，制定“职业生涯规划”，引导教职工个人的职业生涯目标尽可能与学校发展的目标相协调的同时，积极创造人人成才的机制与环境 | 2 分 | 听取汇报，问卷，座谈，查阅资料 |
| | | 2.5.2 教师能力建设和校本培训工作要考虑到教师个体职业发展的需要 | 2 分 | 听取汇报，问卷，查阅资料 |
| | | 2.5.3 鼓励教师针对教育教学中的问题，积极开展教科研工作，不断改革创新，寻求有效的解决方案 | 2 分 | 听取汇报，查阅资料 |
| | 2.6 文化构建（12 分） | 2.6.1 学校发展共同愿景明确，形成过程注重全员的有效参与，在大多数教职工中形成共识，能够凝聚全体教职工的力量 | 2 分 | 听取汇报，问卷，座谈，查阅资料 |

续表 14

| 一级指标 | 二级指标 | 三级指标 | 分值 | 信息采集 |
|---|---|---|---|---|
| 2. 创建过程（50 分） | 2.6 文化构建（12 分） | 2.6.2 学校的办学理念能够反映现代教育思想，体现以学生全面发展为本的精神；通过有效途径，逐步成为引导、规范教职工教育行为的无形力量 | 3 分 | 听取汇报，问卷，座谈 |
| | | 2.6.3 学校管理制度和风格能够体现办学理念，充分考虑了教职工和学生的利益，既有利于调动教职工积极性，又有利于约束、引导教师行为 | 2 分 | 听取汇报，问卷，座谈 |
| | | 2.6.4 加强师德教育，教职工的职业道德和行为方式能够体现办学目标和教育理念 | 3 分 | 听取汇报，问卷，座谈 |
| | | 2.6.5 重视校园文化建设，努力塑造良好的学校整体形象 | 2 分 | 听取汇报，查阅资料 |
| 3. 创建成效（30 分） | 3.1 管理变革（10 分） | 3.1.1 学校领导团结协作，能够系统、全面地分析、解决学校发展面临的优势与挑战，管理能力和管理水平得到提高 | 2 分 | 听取汇报，问卷，座谈，查阅资料 |
| | | 3.1.2 学校管理民主化、科学化程度得到改善，教职工、学生、家长、社区参与学校管理的渠道畅通，提出的意见、建议得到重视，并被积极采纳，群众反映良好 | 3 分 | 听取汇报，问卷，座谈，查阅资料 |
| | | 3.1.3 校内各部门配合默契，教职工工作积极性较高 | 2 分 | 问卷，座谈，查阅资料 |

**续表 14**

| 一级指标 | 二级指标 | 三级指标 | 分值 | 信息采集 |
|---|---|---|---|---|
| 3. 创建成效（30 分） | 3.1 管理变革（10 分） | 3.1.4 有组织地开放学校的教育资源，积极参与社区教育活动，在学习型社区中发挥作用，促进学校、家庭和社会教育的有机结合 | 3 分 | 听取汇报，查阅资料 |
| | 3.2 文化形成（8 分） | 3.2.1 转变观念，学校教职工的学习观、学生观、教育观与学校办学理念相协调 | 2 分 | 听取汇报，查阅资料 |
| | | 3.2.2 形成具有本校特点的组织文化，其核心价值体现在学校的各项工作和活动中 | 3 分 | 听取汇报，座谈，查阅资料 |
| | | 3.2.3 形成宽松、和谐而又充满活力的组织氛围，形成有利于学生健康发展的良好氛围 | 3 分 | 听取汇报，座谈，查阅资料 |
| | 3.3 组织发展（12 分） | 3.3.1 大多数教职工有较强的终身学习意识，认识学习对个人发展和组织发展的作用，能够结合工作自主学习，反思，涌现出在全国、全市或本地区有较大影响的优秀教师、学科带头人、骨干教师等 | 3 分 | 听取汇报，座谈，查阅资料 |
| | | 3.3.2 教职工积极创新，勇于自我超越，学校教育教学改革和科研成果丰富 | 3 分 | 听取汇报，座谈，查阅资料 |
| | | 3.3.3 学校的教育教学水平有较大幅度提高，学生发展在同类型学校中达到较高水平 | 3 分 | 听取汇报，问卷，座谈，查阅资料 |
| | | 3.3.4 学生、家长、社区的满意度有较大幅度提高 | 3 分 | 听取汇报，问卷，座谈，查阅资料 |

续表 14

| 一级指标 | 二级指标 | 三级指标 | 分值 | 信息采集 |
|---|---|---|---|---|
| 4. 特色与创新（10 分） | 4.1 特色（5 分） | 4.1.1 创建学习型学校成效显著，在某些方面有特色 | （5 分） | 听取汇报，查阅有关文件和统计材料；座谈，实地考察 |
| | 4.2 创新（5 分） | 4.2.1 创建学习型学校工作中有所创新 | （5 分） | 听取汇报，查阅有关文件和统计材料；座谈，实地考察 |

2007 年 10 月 22 日至 2008 年 11 月 18 日，市建设学习型城市领导小组办公室组织专家对申报参加市级学习型学校先进单位评估的 33 所学校，经过自评和视导，通过听取创建工作报告、查阅档案材料、召开座谈会、问卷调查、实地考察、个别访谈等形式，按照修订的评估指标体系进行系统评估，认定北京市第二中学、北京市第二实验小学、北京市海淀区私立新东方学校、北京市第十一中学、北京市朝阳社区学院等 13 所学校为市创建学习型学校先进单位。

## 2007 年北京市创建学习型学校先进单位

北京市第一六六中学

北京市第二中学

北京市第二实验小学

北京市第一六一中学

北京市第十一中学

北京市宣武区宣武师范附属第二小学

北京市朝阳社区学院

北京市立新学校

北京市海淀区私立新东方学校

北京市丰台区丰台第二中学

北京市京源学校

北京市顺义区石园小学

北京市房山区燕山前进第二小学

2009年10月20日至2010年10月20日，市建设学习型城市领导小组办公室组织专家对申报参加市级学习型学校先进单位评估的50余所学校，经过自评和视导，通过听取创建工作报告、查阅档案材料、召开座谈会、问卷调查、实地考察、个别访谈等形式，按照修订的评估指标体系进行系统评估，2010年12月29日，认定北京市昌平职业学校、密云县新城子镇中心小学、北京市海淀区中关村第一小学、北京市第三十五中学、空军直属机关蓝天幼儿园、中国林业科学研究院等19所学校为市创建学习型学校先进单位。

# 2010年北京市创建学习型学校先进单位名单

（以下排名不分先后）

**东城区**

东城区教育研修学院

北京市东城区史家小学分校

**西城区**

北京宣武红旗业余大学

北京市第一五九中学

北京市西城区三里河第三小学

北京市第三十五中学

**海淀区**

北京市海淀区中关村第一小学

空军直属机关蓝天幼儿园

中国林业科学研究院

**通州区**

北京市通州区成人教育中心

**门头沟区**

北京市门头沟区大峪第二小学

**大兴区**

北京市大兴区第一职业学校

**昌平区**

北京市昌平职业学校

**房山区燕山地区**

北京市燕山向阳小学

**怀柔区**

北京市怀柔区第三小学

北京市怀柔区第三中学

**延庆县**

延庆县第二幼儿园

**密云县**

密云县新城子镇中心小学

密云县第二中学

# 第三章　主题学习型活动

## 第一节　全民终身学习活动周

“全民终身学习活动周”2005年开始举办，北京作为发起城市，先行试办。10月15日，第一届“全民终身学习活动周”新闻发布会和开幕式在北京市西城区德胜社区教育学校举行。中国成人教育协会会同中国联合国教科文全委会、福建省人大常委会、北京市成人教育协会、北京市西城区人民政府以及全国十大城市成人教育协会共同举办。首次全民终身学习活动周主题为“全民学习，终身学习，推进学习型社会建设，促进人的全面发展”，旨在通过活动，配合政府部门宣传终身教育思想，建立全民终身学习观念；来自北京市不同城区的数十家知名教育机构和出版社进行了大规模的关于全民学习、终身学习的公益宣传咨询活动；来自西城区的社区艺术人才为开幕式奉献了精彩的文艺节目。活动发布《全民终身学习倡议书》和《全民终身学习活动周宣传要点》。北京市全民终身学习活动周先行在城八区试办，总结经验，计划2006年在18个区县全面推开。北京首次“全民终身学习活动周”，活动形式多样，有论坛、研讨会、专题讲座、培训班、英语竞赛等，城八区参加人数超过 100 万。

第二届“全民终身学习活动周”的开幕式于 2006 年 10 月 22 日在在北京市朝阳区举办，以“人人成为学习者，为每一位学习者服务”为主题。

2007 年 11 月 10 日，北京市举办以“贯彻十七大精神，建设学习之都”为主题的“迎奥运首都市民终身学习日”主题活动。活动主会场设在国子监孔庙，由北京市建设学习型城市工作领导小组办公室和中共东城区委、东城区人民政府承办。活动包括区县分会场活动和在京高校为社区开展教育服务的活动以及各行业部门的相应活动。

2008 年“全民终身学习活动周”以“学习、奉献、快乐”为主题，于 10 月 20 日启动。北京各个区县分别组织宣传活动教育活动。

2009 年 11 月 6 日至 12 日，北京市第五届“全民终身学习活动周”举办。该活动以“人人参与终身学习，做‘人文北京、科技北京、绿色北京’建设者”为主题，表彰第一批“首都市民学习品牌”单位和学习型街道、学习型乡镇、学习型企业、学习型学校等学习型组织创建先进单位；举办 2009 年环渤海地区社区教育协作组织第四届研讨会；活动结合新中国成立 60 周年和学习贯彻中共中央十七届四中全会关于“建设马克思主义学习型政党、学习型社会”精神，各区县学习周开展内容丰富、形式多样的学习活动，引领市民走进广阔知识的世界，营造人人学习、事事学习、时时学习、处处学习的氛围。第四届环渤海地区社区教育协作组织研讨会上，来自北京、天津、辽宁、山东、山西、河北、内蒙古五省二市 200 多名社区教育工作者，围绕“学习型社区与学习型组织建设”和“社区教育发展”的主题进行了交流和研讨。

2010年10月23日至29日，北京市建设学习型城市工作领导小组办公室举办北京市第六届“全民终身学习活动周”。该活动以“学习让生命更精彩、学习让城市更繁荣”为主题，中心会场设在奥林匹克公园国家会议中心，举办首都学习型城市建设成果巡展、“首都学习之星”风采展和“首都市民学习品牌”推荐展，以及市民网络学习课程体验和精品图书推荐展示等专题活动，向乡镇成人学校代表赠送新农村建设农家院示范教材，为中华文明大讲堂、农村法制课堂等20个第二批“首都市民学习品牌”颁发铜牌，为100名“首都学习之星”颁奖。各成员单位、各区县、在京各高校同时开展内容丰富、形式多样的学习、咨询、服务和宣传活动。市、区县建设学习型城市工作领导小组成员单位，区县教育行政部门，在京各高等院校，街道社区居民、农民代表和乡镇成人学校代表10000余人参加活动。

## 第二节　首都市民学习品牌

“首都市民学习品牌”是利用人才、教育、科技、文化、自然等资源，依托一定场所，面向社会、有计划地定期为广大市民提供终身学习服务，并且具有一定学习规模，在一定区域内形成较大影响，并具有鲜明特色和一定引导、示范作用的公益性市民终身学习活动。2009年，学习型城市领导小组办公室启动“首都市民学习品牌”认定工作。通过学习品牌项目建设，积极探索终身学习的实现形式和途径，为市民终身学习提供内容更为丰富的学习资源、众多的学习场所和更好的学习条件，最大限度地满足市民日益增长的终身学习需求，形成全民学习、终身学习的浓厚氛围。到2013年，该项工作计划建设100个市级学习品牌项目，1000个区县级学习型品牌项目。具体为：每年计划培育和建设20个市级和200个区县级学习品牌项目，力争用五年时间初步形成遍布城乡、内容丰富、布局合理、学习形式灵活、方便市民终身学习的服务体系。要求“首都市民学习品牌”项目学习教育内容积极健康，符合国家法律法规和有关要求；能制定详细的年度学习教育培训计划并认真组织实施；学习场所、学习服务内容相对稳定；有一支素质高，热心服务市民的专家、教师或服务人员队伍；各项制度健全，组织管理规范，安全措施严格；学习效果明显，深受市民欢迎，在社会产生较好影响；全年参与学习活动的市民一般不少于2000人次。9月22日，市学习型城市领导小组公布第一批首都市民学习品牌，包括干部在线学习、国子监大讲堂、益民书屋、职工书屋、青檬夜校、巧娘工作室、首都科学讲堂、和谐之声艺术团、周末社区大讲堂、学习讲坛10个项目。

第一批首都市民学习品牌（10个）

表15

| 项目名称 | 主办单位 | 承办单位 | 项目简介 |
|---|---|---|---|
| 干部在线学习 | 市委组织部 | 市干部在线学习中心 | “干部在线学习”项目开始于2005年，是将现代远程教育培训方式应用于干部教育培训工作中，通过市委组织部和市人事局共同开发建设的“北京市干部在线学习系统”，提供大量适合干部学习的课件，满足干部自主化、个性化的学习需求 |
| 国子监大讲堂 | 北京大学、东城区委区政府、市委教育工委等单位 | 北大首都发展研究院、东城区委宣传部、区委教育工委等单位 | “国子监大讲堂”项目开始于2007年，依托北京大学丰沛的国学人力资源与国子监、孔庙国学历史悠久的文化资源优势，在国子监彝伦堂或国子监中学育德馆每两周举办一次的大讲堂活动。讲座内容以中华文明精髓为主，市民采取网上报名的形式根据需求自由听讲。讲座内容的视频材料在东城学习网长期播放，并出版相应相应图书光盘 |
| 益民书屋 | 市新闻出版局 | | “益民书屋”项目开始于2005年，是读书益民工程的重要项目，是建在村委会、农村中小学校和城乡建设工地，为广大农民群众、农村中小学生和来京务工人员提供免费阅读场所，与组织群众性读书活动相结合而开展的全民阅读活动。截至2009年11月全市建成1947个益民书屋，配备图书341万余册，音像制品63万余盘，电视机、DVD机700余套 |
| 职工书屋 | 市总工会 | | “职工书屋”项目开始于2008年，是在一线职工特别是农民工工作和居住相对集中的基层企事业单位、城市社区、工业园区、乡村和重点建设项目工地建设的一批书屋，“职工书屋”示范点的藏书量达3000册、报刊20种以上，电子音像制品不少于80种，有可上网的电脑，并有同级工会调配的1～2名工作人员从事“职工书屋”的日常管理 |

续表 15

| 项目名称 | 主办单位 | 承办单位 | 项目简介 |
|---|---|---|---|
| 青檬夜校（北京共青团创业青年夜校） | 共青团北京市委 | | “青檬夜校”项目开始于 2008 年年底，是应对全球经济危机影响、致力于解决青年就业创业问题，面向全市创业青年开展的公益性创业培训项目。该项目以优秀创业青年的“充电器”、青年初创企业的“孵化器”为基本定位，每三至四个月举办一期，每期 100 余人 |
| 巧娘工作室 | 市妇联、市科委 | | “巧娘工作室”项目开始于 2005 年，是应对年龄偏大、文化程度偏低妇女的就业难问题、引领妇女通过手工艺品制作实现自主创业和致富增收的创建活动。全市所有具备手工艺品制作能力的妇女均可参与创建活动，对达到创建标准的工作室，由市妇联和市科委统一命名为“巧娘工作室”，给予适当的资金扶持，提供专业的培训支持，并创造展示促销的平台 |
| 首都科学讲堂 | 北京市科协 | | “首都科学讲堂”项目开始于 2007 年，每周一次在固定时间（周日上午 10 时）、固定地点（王府井书店 6 层）举办的科学家与公众面对面交流的大型公益科学传播活动。项目以“关注科学热点”为话题，以“分享名家智慧”为基点，弘扬科学精神、倡导科学方法，提升首都市民科学素质 |
| 和谐之声艺术团 | 北京市文联 | | “和谐之声艺术团”项目开始于 2007 年，是调动与整合文联各协会的文艺资源，采取组团演出的形式，组织广大会员艺术家深入乡村、社区、工矿车间、部队、学校等地，开展的“送欢乐、下基层”活动 |

续表 15

| 项目名称 | 主办单位 | 承办单位 | 项目简介 |
| --- | --- | --- | --- |
| 周末社区大讲堂 | 市委宣传部、市社科联 | | “周末社区大讲堂”项目开始于 2007 年，是在社科联推荐专家、区县宣传部调研社区居民文化需求基础上，根据社会科学普及讲座预选菜单，开展的由百姓点“题”、走进社区的社会科学普及活动 |
| 学习讲坛 | 市委办公厅 | | “学习讲坛”项目开始于 2007 年，是以“高起点、精选题、请名家、重实效”为思路在市委办公厅每月举办一次的学习活动。讲坛邀请知名专家学者、领导及普通干部，围绕学习贯彻党的十七大精神、建设“人文北京、科技北京、绿色北京”、应对国际金融危机、构建和谐团队、走进交响乐等内容开展讲座 |

2010 年 10 月 23 日，市建设学习型城市工作领导小组认定第二批“首都市民学习品牌”，共有古都历史文化系列讲座等 20 个项目入选。

**第二批首都市民学习品牌（20 个）**

表 16

| 品牌名称 | 主办单位 | 承办单位 | 项目简介 |
| --- | --- | --- | --- |
| 古都历史文化系列讲座 | 市文物局、社科联 | 北京市文物保护协会 | “古都历史文化系列讲座”项目设立于 2003 年，立足于首都文物保护事业，以服务社会为宗旨，旨在向市民普及文物知识、增强市民文保意识、提高市民文化素质，丰富市民文化生活 |

续表 16

| 品牌名称 | 主办单位 | 承办单位 | 项目简介 |
|---|---|---|---|
| 鸿雁手语通 | 北京市残疾人福利基金会 | 鸿雁志愿者服务队 | “鸿雁手语通”是专门为手语爱好者提供手语学习服务的公益性培训组织，成立于2006年5月，是北京市第一支手语培训志愿者服务队，由首都各高校手语社团、手语志愿者及广大社会爱心人士共同组成。旨在通过集中和上门培训的方式，面向首都市民宣传手语知识，宣传人道主义思想 |
| 北京市大众读书会 | 北京市妇联 | | “北京市大众读书会”创建于1989年，旨在引导全市家庭开展读书活动的自发性群众组织。读书会始终坚持面向社会、面向基层、面向家庭开展书刊介绍、阅读欣赏、文化娱乐以及研讨交流等活动 |
| 首都职工素质教育工程 | 市总工会、市教委、市人力社保局、中央电大、北京电大 | 市总工会职工大学 | “首都职工素质教育工程”于2004年12月启动，工程以提升职工综合素质为前提，以推动企事业发展为导向，以促进首都学习型城市构建为目标。采用通用能力培训、企业岗位培训、主题教育活动、重点群体培训、职工文化素养、“学分银行计划”等模块组合的形式开展 |
| 农村科技服务港 | 市科委 | 农村发展中心 | “农村科技服务港”于2005年6月成立，通过整合信息、技术、人才、政策、服务等资源，搭建面向“三农”的公益性、综合性科技技术转让服务平台。通过科技培训、科技咨询、成果推广、技术服务等方式，有效地促进农业科技资源向郊区流动、扩散与应用 |
| 中华文明大讲堂 | 北京电视台 | | 《中华文明大讲堂》是北京电视台制作的一档周播50分钟文化讲座栏目，2007年1月开播。该栏目以“解读中华文明文化底蕴、感知中华文明文化内涵”为宗旨，邀请文学、历史、科技、军事、艺术等领域的专家学者录制电视讲座 |

续表 16

| 品牌名称 | 主办单位 | 承办单位 | 项目简介 |
|---|---|---|---|
| 新农村法治课堂 | 市二中院 | | “新农村法治课堂”项目始于2007年，以人民法院涉农业、农村、农民案件审理为依托，形成“审案、析理、回访”纠纷化解流程，形成“有文字、有声音、有图像”全方位便民普法格局，弘扬良好农村风气，营造农村法治氛围；对基层组织人员进行法律知识培训，形成“定点、结对、联动”指导培训网格，提高基层组织平复矛盾、依法治村的能力和水平 |
| 流动天文馆 | 北京天文馆 | | 北京天文馆天文科普宣传车1998年正式成立，“流动天文馆进社区”活动随即开展。流动天文馆旨在提高民族素质，全心全意为科普服务，通过模拟星空演示、知识展览、望远镜观测、科普报告、天文知识咨询等方式，把“神秘”的天文学以生动活泼、通俗易懂的形式送给公众 |
| 钟鼓楼群言堂 | 中共东城区安定门街道工委 | | “钟鼓楼群言堂”项目创建于2001年11月，该项目采用群众喜闻乐见的访谈式对话模式，以谈身边的事、自己亲身经历的故事为切入点，通过嘉宾与观众的拉家常式互动讨论，来达到举证思想行为错误，树立良好道德观念的目的 |
| 朝阳学习型讲坛 | 朝阳区教委 | 朝阳社区学院 | “朝阳学习型讲坛”是朝阳区社区教育的品牌项目，开始于2003年7月，是根据朝阳区社会发展的需要而举办的大型理论论坛。讲坛围绕“和谐社会建设、人文奥运建设、学习型城区建设”三个主题，通过设立主讲坛、分论坛和网上论坛组织运行 |

续表 16

| 品牌名称 | 主办单位 | 承办单位 | 项目简介 |
|---|---|---|---|
| 网络科普夕阳红 | 西城区科学技术协会、西城区文委、西城文化产业协会 | 西城文化产业协会 | “网络科普夕阳红”2004年开展，旨在为社区中老年人免费开展电脑培训，西城区文化产业协会利用自身网吧资源，通过免费制作、发放教学光盘和书面教材等方式，使培训后的中老年人达到“四会”：会电脑打字，会上网浏览信息；会建邮箱、发电子邮件，会在网上玩游戏 |
| 市民心理调适 | 东城区教委 | | 市民心理调适于1995年由原崇文区教育系统首创，是运用心理学原理帮助社区居民树立正确的生活理念，运用科学手段解决生活及工作中遇到的心理困惑和问题，达到自我教育、自我调适的目的 |
| 市民公益英语 | 石景山社区学院 | | “市民公益英语教育”培训项目于2003年建立，学院的英语教师志愿者深入到街道、居委会、军营、企事业单位等处开展公益英语教育培训，项目包括市民英语公益大课堂、市民公益英语广场、市民英语电视大赛、公益英语空中课堂四大内容 |
| 宣讲家网站 | 市委讲师团 | | 宣讲家网站是全国独家理论宣讲报告视频公益网站，是首都的主流网站，旨在把大众化、通俗化的科学理论和时事政策解读推向亿万网民。截至2010年9月，宣讲家网已累计播放视频报告讲座12000多部，文章106200多篇，音频宣讲400余部 |
| 市民讲外语 | 市外办 | | “市民讲外语”于2002年正式启动，旨在提高普通市民外语交流能力的全民性外语学习活动。活动秉承“普及性、实用性、群众性、趣味性”的宗旨和原则，通过建立外语培训点、外语角、游园会、各类外语比赛、多语种外语公益讲座等方式建立了一个覆盖全市的市民外语学习平台，同时建成面向市民的国际化英语测评体系——北京英语水平考试（BETS） |

续表 16

| 品牌名称 | 主办单位 | 承办单位 | 项目简介 |
| --- | --- | --- | --- |
| 兴农讲堂 | 顺义区社区教育中心 | 顺义区农广校 | “兴农讲堂”创办于2007年，旨在转变农民思想观念，提升农民综合素质，帮助农民增收致富，培养新型农民。学校围绕服务区域经济社会发展，服务新农村建设，开综合素质培训、实用技术培训和职业技能培训 |
| 万柳社区家庭教育大讲堂 | 海淀区万柳社区教育培训中心 | | “万柳社区家庭教育大讲堂”始于2003年9月，课程包括家庭喂养、家庭教养两方面。本课程将心理学理论、生理学、卫生学与家庭教育理论紧密结合，在实践中运用系统化训练的方法来帮助父母、保姆、祖辈学习孩子从孕育到出生到入园入学等每个阶段的生理、心理特点，提高孩子的情商，达到最大限度地发挥孩子的潜能、提高学业成绩的目的 |
| 镇罗营数字化学习港 | 平谷区镇罗营镇政府 | | 2006年10月，平谷区镇罗营镇五里庙村建立数字化学习中心，搭建起培育社会主义新型农民的数字化教学及学习支持服务平台。为深入推进数字化学习建设，提高全镇居民的数字化学习能力，2009年，该镇又在玻璃台村建成数字化学习中心，完善了覆盖全镇的学习网络。几年来，该镇采用面授指导、网上自学等多种方式开展学历教育、计算机、农机使用、民俗旅游、畜牧养殖等多项培训12000多人次，走出了一条培训与产业培育，培训与农业结构调整，培训与农民增知、增收致富相结合的路子，有效地提升了全镇综合实力，提高了农民收入 |

续表 16

| 品牌名称 | 主办单位 | 承办单位 | 项目简介 |
| --- | --- | --- | --- |
| 宣草苑纸艺社 | 广内街道办事处 | | 萱草苑纸艺社于 2002 年成立，旨在通过民间剪纸技艺的传承，丰富群众文化生活，同时为社区建设服务，到 2010 年已发展学员近千人。萱草苑纸艺社在教学创作之余积极参与北京市奥运新闻发布会、对亮马河大厦外宾进行剪纸教学、为“中日韩青少年参观团”做剪纸作品展示等各项社会活动，在国内外产生了积极良好的影响 |
| 京南卫星社会大课堂 | 北京京南卫星图书城 | | “京南卫星社会大课堂”始建于 2007 年，旨在为中小学生校外教育、中高等职业教育、青年创业教育、社区教育、农民教育服务提供终身学习资源平台 |

## 第三节　首都市民学习之星

“首都市民学习之星”是在学习型城市建设过程中涌现出的热爱学习、善于学习、学以致用、学有所成，具有较强榜样示范作用和群众公认度高的个人学习先进典型。要求获选人员有学习之品，勤于学习、热爱工作、勇于创新，能够把学习、工作、创新三者有机地结合起来，做到学以致用、用以创新；有学习之行，具有终身学习理念，自觉制定和执行个人学习计划，坚持长期学习，思考钻研业务，人际沟通能力、协调能力较强，善于处理家庭、工作、学习之间的关系；有学习之绩，学以致用成效明显，特别是在“创新”“创业”“创优”和“创造”等方面具有较好的表现和作为；有学习之范，积极参加各项学习活动，示范带头作用明显，热心公益事业，关心他人，乐于助人，群众公认度较高。该项目采用个人申报、系统或区县推荐和领导小组评选相结合的方式进行，要求各系统、各区县应在本系统或本区域内组织开展“区县学习之星”评选活动，树立表彰一批“区县学习之星”，并在此基础上，确定推荐参加“首都市民学习之星”评选的人员名单。北京市建设学习型城市领导小组办公室将组成评审小组，按照“首都学习之星”的条件和个人事迹材料，确定候选人名单，并通过媒体、网络等多种形式进行公布，广泛征求各方面的意见，接受社会各界的监督，待公示期满后确定“首都学习之星”名单。北京市建设学习型城市工作领导小组表彰“首都市民学习之星”称号，并在市级媒体上对“首都市民学习之星”的事迹进行宣传报道。

2010 年 10 月 23 日，市建设学习型城市工作领导小组办公室公布首批“首都市民学习之星”名单，来自北京人民广播电台杨洋等 100 人获得首批“首都市民学习之星”称号。

## 首批“首都市民学习之星”名单

| | |
|---|---|
| 杨　洋 | 北京人民广播电台 |
| 成燕玲（女） | 北京人民广播电台 |
| 蒲红果 | 北京市互联网宣传管理办公室网络评论处 |
| 陈列兢 | 北京市思想政治工作研究会 |
| 崔耀中 | 北京市委讲师团 |
| 王瑞璞 | 北京市文联 |

| | |
|---|---|
| 吕心鹏 | 北京出版集团公司 |
| 王佳明 | 北京市委办公厅 |
| 石　云 | 中共北京市委统战部综合处 |
| 陈　曦 | 北京市政府办公厅信息公开办公室 |
| 牛剑凯 | 北京市发展和改革委员会经济贸易处 |
| 杨　浚（女） | 北京市规划委员会详细规划处 |
| 柳素霞（女） | 北京水利水电学校 |
| 张海峰 | 北京演艺集团有限公司 |
| 孙　洋（女） | 北京市国土局资源局规划处 |
| 王介甫 | 北京市商务委员会信息中心 |
| 廖晓农（女） | 北京市气象局 |
| 刘　颖（女） | 北京市人口计划生育委员会 |
| 刘国传 | 北京出入境检验检疫局科技处 |
| 邓　畅（女） | 财政部驻北京市财政监督专员办事处 |
| 孙　健 | 北京市民防局防空防灾信息中心 |
| 郭翰超 | 国统北京调查总队 |
| 刘　霞（女） | 北京市地质勘察技术院 |
| 赵永红（女） | 北京市人民检察院第一分院 |
| 姜　颖（女） | 北京市第一中级人民法院知识产权庭 |
| 赵文岩 | 北京市第二中级人民法院办公室 |
| 戴光宇 | 北京市社会科学院满学研究所 |
| 刘煜量 | 北京市残联 |

| | |
|---|---|
| 贾若钒（女） | 北京市正阳门管理处 |
| 孔祥利 | 北京艺术博物馆 |
| 祁庆国 | 首都博物馆 |
| 佟　刚 | 徐悲鸿纪念馆 |
| 赵　国 | 北京万泉寺出租汽车有限公司 |
| 张志刚 | 北方出租汽车有限责任公司 |
| 陈瑞福 | 北京照明电器协会 |
| 景长顺 | 北京市公园绿地协会 |
| 张雅林 | 北京首汽股份有限公司第三运营分公司 |
| 钱继刚 | 北京首钢股份有限公司高速线材厂 |
| 秦　涛 | 首钢矿业公司机械厂机加工分厂 |
| 刘　宏 | 首钢运输部文件中心工电作业区修配二班 |
| 张国安 | 北京积水潭医院 |
| 张越巍 | 首都医科大学附属北京天坛医院 |
| 石伟先（女） | 北京市疾病预防控制中心 |
| 赵国风（女） | 北京市通州区中医医院 |
| 尤　红（女） | 首都医科大学附属北京友谊医院 |
| 倪　青 | 中国中医科学院广安门医院 |
| 白爱萍（女） | 护国寺中医医院 |
| 李志新 | 北京市丰台区方庄社区卫生服务中心 |
| 孙茂芳 | 北京军区总医院 |
| 潘铁力 | 首都钢铁公司 |

| | |
|---|---|
| 陈俊发 | 中国体育报业总社 |
| 李红兵 | 中共北京市西城区月坛街道工委 |
| 袁瑞玲（女） | 北京市药品监督管理局西城分局 |
| 李颐扬 | 北京市西城实验学校 |
| 姜学敏 | 北京市日用化学五厂 |
| 李铁光 | 北人集团 |
| 黄长存 | 北京第四十三中学 |
| 崔桂林 | 宣武中医院 |
| 白云柱 | 雪花电器集团 |
| 张云娜（女） | 北京四方继保自动化股份有限公司 |
| 王风华（女） | 北京市海淀区东升地区办事处前屯社区 |
| 李燕川 | 北京超市发连锁股份有限公司 |
| 赵之心 | 北京盛世之心科技发展有限公司 |
| 刘　伟 | 北京康辰亚奥技术有限公司 |
| 邵玉铮 | 北京林业大学外语学院 |
| 刘淑清（女） | 北京市海淀区中医院 |
| 朱坤岭 | 中国人民解放军第二炮兵 |
| 赵敬稳（女） | 中科院微生物研究所 |
| 周继道 | 北京市第三中学 |
| 郑春茂 | 北京市朝阳区潘家园街道华威西里社区 |
| 黄钟杰 | 总装防化研究院 |
| 焦文俊 | 中国工业经济联合会 |

鲍福兴　　　　北京玻璃集团
李建宇　　　　民航华北空管局
高　巍　　　　中央统战部华文出版社
王　凯　　　　北京丰台区新村街道育仁社区居委会
赵大钊　　　　北京丰台区蒲黄榆第三社区
朱增禄　　　　北京市市政公司
程翠英（女）　北京天普太阳能工业有限公司
车中华　　　　北京市大兴区京南卫生图书城
张桂起（女）　北京市大兴区科学技术委员会
宗少为　　　　北京市通州区于家务乡北辛店村
王志红　　　　北京市通州区人大常委会
庞　宽　　　　北京燕京啤酒公司第二制冷车间
张东平（女）　北京顺鑫农业股份有限公司牛栏山酒厂
李孟东　　　　北京市电力公司顺义供电公司
高海英（女）　北京市门头沟大峪第二小学
张广林　　　　北京市门头沟文学艺术界联合会
刘大龙　　　　北京市门头区大台街道大台社区
于　泓　　　　北京昌平区科学技术委员会
刘为华（女）　中共北京市昌平区委组织部干训科
韩树森　　　　北京昌平区天通苑第二社区
刘国利　　　　北京市怀柔区泉河街道办事处
白宝海　　　　北京市怀柔区卧佛山庄养殖有限公司

张　涛　　　北京荣涛豌豆产销合作社

王进才　　　北京市平谷区大华山镇华山村

韩书琴（女）北京市延庆县张山营镇前黑龙庙村

左玉霞（女）北京市燕山前进第二小学

冯美春（女）北京燕山石化分公司化工七厂

刘长伟　　　北京燕山石化发展研究中心

# 附录：北京学习型城市建设重要文件选刊

## 中共北京市委、北京市人民政府<br>关于大力推进首都学习型城市建设的决定

（2007 年 3 月 30 日）

党的十六大以来，各区县、各系统根据党中央、国务院及市委、市政府有关精神，在推进终身教育体系的建立和创建学习型区县、学习型组织等方面，进行了广泛的实践和积极的探索，并取得了显著的成效。为了落实科学发展观，全面提高市民素质，加快建设创新型城市，构建社会主义和谐社会首善之区，实现“新北京、新奥运”战略构想，大力推进首都学习型城市建设，特作出如下决定。

### 一、把推进学习型城市建设作为首都建设创新型城市、构建社会主义和谐社会首善之区的重要基础

（一）深刻认识推进学习型城市建设的重要意义。大力推进学习型城

市建设是应对知识经济挑战，适应经济全球化，增强城市综合竞争力的必然选择；是建设创新型城市的基础和前提；是落实科学发展观，实现“新北京、新奥运”战略构想，建设社会主义新农村，构建社会主义和谐社会首善之区的重要保证；是构建全民学习和终身学习的现代教育体系，提高广大市民素质，促进人的全面发展的现实需要。各级党委、政府都要深刻认识推进学习型城市建设的重要意义，把推进学习型城市建设作为落实科学发展观和构建社会主义和谐社会首善之区的一项事关全局的重大战略任务，纳入重要议程。

（二）推进学习型城市建设的指导思想是：以马克思列宁主义、毛泽东思想、邓小平理论和“三个代表”重要思想为指导，落实科学发展观，与建设创新型城市、构建社会主义和谐社会首善之区、精神文明创建活动和落实人文奥运行动计划相结合，吸收和借鉴国外的先进经验，完善全民学习和终身教育体系，全面提升各类学习型组织的创建水平，促进人的全面发展和社会的全面进步。

（三）推进学习型城市建设的基本要求是：坚持以人为本，以促进首都市民全面发展为根本目的，大力提高市民的思想道德、科学文化和健康素质；树立首都意识、文明意识、学习意识、创新意识，做到党、政、工、团各类组织齐抓共管，充分发挥社会团体等群众组织的作用，动员广大市民群众积极参与；坚持实事求是，从实际出发，针对不同人群的需求，分阶段、有计划地推进工作。

（四）推进学习型城市建设的目标是：到 2010 年北京初步建成学习之都，成为以现代终身教育体系和学习型组织为基础，以广大市民的良好素质为支撑，教育事业最发达、学习资源最丰厚、学习氛围最浓厚、学习条件最优越、优势人才最集中、能够通过学习带动各项工作创造一流业绩、充满创新精神和发展活力的知识化、国际化大都市，为实现“新北京、新奥运”战略构想，为构建社会主义和谐社会首善之区奠定坚实的基础。

具体目标是：

1. 构建各类教育相互沟通和相互衔接的终身教育体系。首都市民受教育程度进一步提高，基本满足人民群众对接受 0 ～ 6 岁学前教育的不同需求；6 岁以上人口平均受教育年限达到 12 年，从业人员平均受教育年限超过 12 年，新增劳动力平均受教育年限达到 15 年左右；全市从业人员职前培训率达到 90%以上，每年有 50%以上的从业人员接受更新知识、提高技能的继续教育，有 30%以上的居民接受社会文化生活教育。市民的现代文明素质和创新能力得到较大幅度的提升，各类人才数量有较大幅度增长。

2. 学习和创新成为首都发展的重要理念和市民的普遍行为。基本形成人人、时时、处处学习的社会氛围，多数市民把学习作为一种生活方式。市民学习的基本权利得到保障，终身学习的要求得到基本满足。各类组织重视履行学习和教育职能，并将其摆在优先发展的战略地位。创新成为多数组织和市民发展的内在需求，公众科学素质明显提高，全市形成浓厚的创新氛围，首都成为全国重要的创新基地。

3. 各类学习型组织的创建活动覆盖全市，各类学习型组织的创建率达 80%以上，全市 30%的社区（街道、乡镇）、机关、企事业单位等初步成为学习型组织。

4. 把和谐文化建设放在突出位置，以学习型城市建设促进和保证首都成为社会主义和谐社会首善之区。引导和组织广大干部和市民努力学习马克思主义中国化的最新成果，倡导爱国主义、集体主义、社会主义价值观，践行社会主义荣辱观。坚持以社会主义核心价值体系引领社会思潮，最大限度地在全体市民中形成思想共识。

5. 把落实人文奥运行动计划与创建学习型城市活动紧密结合起来。广泛开展奥林匹克知识学习教育活动，大力开展市民文明教育活动。围绕奥林匹克运动，开展专项学习活动，确保奥运会顺利进行。

## 二、加快建立首都终身教育体系和终身学习服务体系

（五）建立终身教育制度，促进终身学习。积极发展学前教育，高水平普及基础教育，大力发展职业教育，提高高等教育质量。要将终身教育和终身学习的思想贯穿到从幼儿教育到大学后继续教育的各个层次、各个领域，努力提高学习者的学习能力、就业能力和可持续发展能力；实现各类学历教育之间、学历教育与非学历教育之间的纵向衔接和横向沟通，加快形成开放灵活的教育功能；充分体现各类学校教育和社会教育相互融通、相互渗透和相互参与，促进各类普通教育学校面向社会开放，为市民提供丰富多样的教育和学习服务。积极推进入学考试制度改革，实行弹性学习制度，建立市民个人学习成果认证制度，扩大市民接受教育和培训的机会。

（六）大力开展社区教育，满足社区居民的多样化学习需求。充分发挥社区学院在社区教育中的重要作用，形成以社区学院为龙头，街道（乡

镇）社区学校（社区教育中心）为骨干，社区内中小学校、市民学校、村成人学校和家庭教育为基础的社区教育网络。开展多层次、多内容、多形式的职业技能和社会文化生活教育，并为中小学生提供良好的校外教育，为学龄前儿童、流动人口、残障人员、就业困难人员及老年人的学习提供服务，全面提高市民的综合素质。结合中小学校布局调整，整合教育资源，建设好街道、乡镇社区学校（社区教育中心）。加强社区教育课程和教材建设，开发一批适应居民需求的课程教材。组织普通教育教师下社区，建设一支专兼职结合的社区教育工作者队伍，充分发挥社区教育志愿者作用，大力发展健康科学的家庭教育，提高家庭教育水平。

（七）大力发展职业培训，全面提高从业人员的职业技能。逐步建立和完善政府主导、面向就业市场、依托企业、社会化、多层次的职业教育和培训体系，为企业输送大量的技能型人才和高素质劳动者。建立和完善现代企业职工培训制度，对企业在职职工以及转岗、失业人员提供多层次、多形式的职业教育和岗位技能培训，努力提高其工作能力、职业转换能力和创业能力。要加快现代制造业、现代服务业等方面紧缺的高技能人才培养，重点培养一批高级工、技师和高级技师。大力支持行业龙头企业发展特色培训，加快发展符合产业发展要求的培训项目。发展教育培训市场，鼓励各种社会力量开展各类职业培训，支持工会、共青团、妇联、科协等群众团体以及非营利社会组织开展职业培训教育，促进社会化职业培训发展。

（八）大力推进继续教育，培养和造就一大批专业人才。各行业、各部门、各单位要以终身教育理念为指导，制定继续教育规划，完善考核评价体制，深度开发人才资源。充分发挥各级党校、行政学院、高等学校的作用，加强对党政机关公务员、企业经营管理人员和专业技术人员以新理论、新技能、新信息、新知识、新方法为主要内容的继续教育。加强创新型、复合型人才的培养，重点建设党政机关领导干部、企业经营管理人员、科技人才和技能人才等四支人才队伍。

（九）大力加强农村教育，推动社会主义新农村建设。加强和完善市、区县、乡镇和村四级农村教育办学网络，进一步提高农村基础教育质量，全面推进培养和造就首都郊区社会主义新型农民行动计划，加快提高农村劳动者素质。大力发展农村中、高等职业教育和培训，改善农村劳动者的文化结构和专业技术结构，加快农村中、高层次实用型管理人才和技能人才的培养。充分利用现代信息技术手段，发展农村远程教育。实行普、职、成教“三教”统筹，推进农、科、教结合，大力开展农村实用技术培训。加强农村劳动力转移就业培训。培养一批社会主义新农村的建设者和带头人，造就一大批有文化、懂技术、会经营的社会主义新型农民。

（十）建立覆盖全社会的终身学习服务体系。充分发挥各级各类教育机构为全民学习和终身学习服务的功能，各类中小学校、高等学校、职业学校要带头在构建终身教育和终身学习服务体系中发挥重要作用。充分利用首都教育、科技、文化资源优势，形成覆盖城乡、面向市民的终身学习网络和服务平台。鼓励和组织专家学者及各级各类学校教师和大学生积极参与学习型城市建设。充分利用北京高校的智力资源，建立市民大讲堂，广泛传播中华民族优秀文化和科学技术知识。整合政府、行业、企事业单位的教育资源，各类学校和培训机构面向社会开放学习场所和教育设施，开设适应市民学习需求的专业和课程，开展多种形式的学习和培训活动。逐步扩大市、区两级图书馆、博物馆、科技馆、美术馆等公益性文化设施向市民免费开放的范围，扩展各类科技和文化设施的学习服务功能。开展学习需求调研，沟通学习信息。开展科技周、学习周、文化节等活动，形成浓厚的学习氛围。

（十一）充分发挥现代信息网络在终身教育体系中的重要作用。依托远程教育网络，发挥广播、影视、数字传媒等技术优势，创办市和区县综合性学习网站，开发网络学习资源，积极发展各类数字化远程教育，建立市民终身学习网络平台，加快推进开放大学建设，为全民学习提供技术支撑和服务。发挥网络学习在全民学习中的独特作用，加强网络管理，形成科学、健康的网络学习文化。

## 三、大力推进各类学习型组织的创建活动

（十二）创建学习型机关。围绕提高依法行政能力，结合机关工作岗位要求，强化业务培训，更新知识结构，创设学习载体，健全学习制度，提高学习能力。领导干部在学习型机关建设中要率先垂范，促进机关学习氛围的形成。各级党组织都要努力成为学习型组织，充分利用党建资源，组织党员学习科学理论，保持党员先进性，提高党的执政能力。强化机关的组织学习，推进机关的观念更新、工作创新、机制创新；鼓励、支持机关工作人员参加各类提高履职水平的学习培训，培养具有创新思维和创新能力的机关工作人员。推进机关转变职能，增强服务意识，提高服务水

平，努力建设勤政廉洁、务实高效的服务型机关。

（十三）创建学习型企事业单位。根据企事业单位知识创新、技术创新、效能提高等要求，引导员工制定职业生涯规划，不断学习新知识、新信息、新技术，积极开展员工的岗位培训和继续教育等学习活动，不断开发人力资源，鼓励人人成才。适应形势发展要求，更新观念，树立崇尚创新、积极进取的工作观。促进团队学习，使团队成员积极进行知识共享，思想沟通，形成默契合作的团队精神。推进整个单位的组织变革，改进领导方式，调动广大员工的积极性，挖掘人的内在潜能，形成与时俱进、追求卓越、勇于创新、人际和谐的组织文化，不断提升整个单位的创造活力和竞争力。

（十四）创建学习型学校。要发挥各级各类学校在建设学习型城市中的引领和骨干作用，大力推动教育创新，全面提高教育教学质量，主动开放学校资源，积极参与社区教育和学习型组织建设，积极服务于全民学习。引导教师不断更新知识、转变观念，成为热爱学习、善于学习、终身学习的楷模。在尊重教师主导作用的同时，改变单纯灌输式的教育方法，探索创新教育方式；更加注重培养学生的创新精神和实践能力，大力加强素质教育，发挥学生的主动性，培养创新型人才。建设和谐校园，积极培育勇于探索、具有特色的学校文化，提高学校的办学水平和创新能力。

（十五）创建学习型社团。各类社团结合自身的实际和工作内容、任务，发挥民间组织参与社会建设的独特功能，大力开展创建学习型社团活动。创建中要以服务群众为主题，在增强功能、拓展领域、提高水平方面，不断加强组织的学习，在实践中不断提高学习能力和服务能力，满足群众多样化的生活需求，推进经济社会协调发展，为和谐社会建设发挥促进作用。

（十六）创建学习型街道、乡镇、社区等区域性学习型组织。统筹辖区内的教育、文化、科技等资源，实现资源共享，保证经费投入，加强教育设施建设，完善区域内终身学习的服务体系，为居民创设更好的学习条件。把提高市民素质作为学习的重点，引导市民在学习中增长知识，陶冶情操，提高思想道德和科学文化素质，形成文明健康的行为方式。积极推进学习型家庭建设。

（十七）创建学习型区县。把学习型区县建设纳入区县经济和社会发展总体规划、社区建设规划和教育发展规划。把学习型区县建设与区域经济建设、民主管理、精神文明建设、构建和谐社会以及环境建设紧密结合，通过学习型区县建设，促进区域全面发展。形成有特色的区域性学习和创建工作理念，推动各类学习型组织的建设。整合区域内教育和学习资源，形成具有区域特点的学习网络和创建模式，逐步培育各具特色的区域文化，激发区域创造力，增强区域凝聚力，全面提高区域的持续竞争力。

## 四、建设学习型城市，为成功举办 2008 年奥运会提供坚实保障

（十八）落实人文奥运行动计划，充分开展学习教育活动。编辑出版有关普及奥林匹克知识的图书、影视等宣传作品和资料。各机关、企事业单位、学校和街道、社区居委会要通过群众喜闻乐见的形式，广泛开展奥

林匹克知识学习活动，增强全体市民的“奥运意识”和“责任意识”。要特别重视对在校学生的宣传教育，将奥林匹克知识列入今后两年学校的教育内容，同时针对不同阶段学生的特点，开展多种形式的宣传教育活动。使广大市民进一步了解奥林匹克知识，在弘扬中华民族传统文化的同时，学习世界一切民族的优秀文明成果，为我所用。

（十九）大力开展市民文明教育活动，提高市民素质。把举办奥运会的过程作为提高市民文明素质、倡导文明健康生活方式和提升城市文明程度的过程。在构建社会主义和谐社会过程中，结合举办奥运会，大力开展和谐社区及和谐家庭创建活动；大力开展“迎奥运、讲文明、树新风”活动，积极开展市民的文明礼仪教育、社会主义荣辱观教育和公民道德教育，提高市民的社会公德、职业道德和家庭美德修养，塑造北京人讲文明、重礼仪、团结友善、热情好客的良好形象。加强和改进未成年人思想道德建设，加强来京务工人员遵纪守法、维护环境和首都意识教育。继续开展市民学外语、讲外语活动，有步骤地推进文明区县、文明街道、文明村镇和文明行业的创建活动，营造崇尚学习、尊重知识、爱岗敬业、和谐融洽的社会氛围。

（二十）围绕奥运会开展专项学习活动，确保奥运会顺利进行。承担奥运会服务、面向中外游客的窗口部门和服务行业，要以“我为奥运作贡献，行业服务创一流”为主题，开展“文明服务”、“文明市场”、“文明商户”、“文明旅游景区”等系列学习活动，提高诚信服务和规范服务水平，保证奥运会期间首都窗口服务行业都能为中外宾客提供一流的服务。建立一支高素质、懂外语的奥运志愿者队伍，强化奥运志愿者对比赛项目和赛场礼仪的系统学习。加强对观众队伍的赛场文明礼仪教育，使观众自觉养成热情礼貌、文明观赛的良好习惯。

## 五、加强领导，完善建设学习型城市的保障机制

（二十一）建立科学的领导管理体系，完善组织领导机构。成立北京市建设学习型城市工作领导小组，负责组织协调全市学习型城市建设工作。各区县也要建立健全相应的指导协调工作机构，负责推进本地区学习型城区建设工作。充分发挥工会、共青团、妇联、科协等群众团体和社会组织的作用。加强各部门统筹协调、资源整合，形成党委领导、政府主导、部门联动、社会协同、全民参与的学习型城市建设格局。

（二十二）建立健全各级领导责任制。明确各级党委、政府和各有关部门在建设学习型城市中的职责，各级党委、政府和相关部门的领导应加强对学习型城市建设工作的领导，狠抓落实，务求实效。建立“一把手”为“第一责任人”的制度，实行目标管理，把建设工作绩效作为“一把手”及主管领导考核的主要内容之一。把建设学习型城市与创建文明单位、文明行业、文明社区、文明村镇活动结合起来，定期组织考核评比，确保工作落实。

（二十三）加大对创建学习型城市的宣传力度。要广泛深入地宣传建设学习型城市的重要意义，提高市民终身学习意识，努力在全社会营造良好的学习和创新氛围。各新闻单位要把宣传学习型城市建设作为一项重点工作，要开辟专栏，组织有分量的理论文章，有针对性地介绍有关学习型

社会、学习型城市、学习型组织的知识；制作专题节目，宣传和表彰学习型城市建设过程中涌现出来的先进典型，介绍推广个人和组织积极学习的经验；倡导“知识铸就未来，学习改变命运”的理念，在广大市民中形成终身学习的高度共识和自觉追求，营造建设学习型城市的舆论氛围，不断提高市民在建设学习型城市工作中的自觉性。

（二十四）坚持理论联系实际的优良学风。要勤奋好学、学以致用，牢固地树立终身学习理念，坚持理论联系实际的马克思主义学风，把学习的体会和成果转化为全面建设小康社会、构建社会主义和谐社会的能力，转化为推动党的执政能力建设和先进性建设的能力。鼓励干部、职工通过学习不断创新，解决生产、科研、教学和工作当中的实际问题，不断提高业务质量和工作水平。

（二十五）完善学习激励机制。坚持科学的人才观，建立健全有利于公平竞争的人才培养与选拔的用人制度，突出学习能力、实践能力、创新能力在提职、晋级、评优等工作中的评价作用。建立健全职业资格证书制度和就业准入制度，进一步完善技术职称、技能等级体系，探索社会化的评审办法。要完善机关、企事业单位的学习培训制度，鼓励支持职工参加各种在岗培训和学历升级。要建立和完善培训、考核、使用与待遇相结合的激励机制。加强劳动监察，督促落实员工接受教育培训的规定，保障员工接受学习培训的权利。试行个人学习账户制度。政府部门将积极研究鼓励措施，加大向农村劳动者和城市弱势群体提供职业培训服务的政策倾斜力度，激发劳动者参加职业培训和学习的积极性。进一步制定建设学习型城市的阶段性目标、任务、措施、工作重点以及实施途径、步骤。研究提出学习型城市指标体系，不断完善各类学习型组织创建工作的评估标准。

（二十六）建立先进典型的表彰奖励制度。逐步建立和完善对创建工作先进典型的考核评估和表彰奖励机制。北京市建设学习型城市工作领导小组今后每年将对在创建学习型区县、学习型组织活动中涌现出来的先进集体和先进个人进行表彰。评选“首都学习之星”，宣传和表扬先进典型。各行业、各区县也应建立相应的表彰奖励制度。

（二十七）推进终身学习的法规建设。加快制订有关本市促进终身教育的地方性法规，明确政府、企事业单位、社会团体和个人的权利、义务及相关责任，把推进学习型城市建设纳入法制化轨道。

（二十八）完善投入机制。形成政府、企事业单位、社会团体共同承担的投入保障机制。各级财政每年要安排一定比例的经费用于支持终身教育和学习型城市建设，且每年应有相应增长，并加大向农村倾斜的力度，确保建设学习型城市工作的稳定投入。一般企业要严格按照不低于职工工资总额 1.5％的比例，技术要求高、经济效益较好的企业要按照不低于职工工资总额 2.5％的比例足额提取教育培训经费。企业培训经费的三分之二要直接用于一线职工的岗位技能培训。鼓励家庭个人增加教育和培训投入。

（二十九）加强学习型城市建设的理论研究与交流。成立北京市学习型城市建设专门研究机构，组织专门人员，不断研究国内外建设学习型城市及组织的最新动向与相关理论，推出一批具有时代特征的最新理论研究成果，编写出版指导丛书和培训教材。定期总结交流建设学习型城市和各类学习型组织的实践经验。

（三十）加强学习型城市创建队伍建设。发挥首都理论研究人才聚集的优势，建立一支实力较强、结构合理、善于创新的理论研究专家队伍，对各类学习型组织创建进行理念引导、观念更新及工作指导，不断提高学习型城市创建的质量和水平。培育一批有一定理论水平和丰富实践经验的创建实施和管理工作者队伍，使学习型城市建设健康、有序、持续地发展。发挥社区志愿者在联系群众、宣传普及、教育推广等方面的作用，吸引和带动更多的市民关心并参与学习型城市建设。

# 大力发展终身教育　积极创建学习型组织
# 努力把首都建设成学习型城市

## ——在建设学习型城市区县教委主任培训班上的讲话

刘利民

（2007 年 5 月 15 日）

同志们：

在全面落实党的十六届六中全会和市委九届十二次全会精神，加快实现“新北京、新奥运”战略构想的新形势下，市委、市政府在 4 月 11 日召开了全市建设学习型城市工作会。这次大会明确了今后一个时期北京学习型城市建设的目标、任务和具体措施，动员全市各级党委、政府及社会各方面大力发展终身教育，积极创建学习型组织，努力把首都建设成为学习型城市。下面我就落实会议精神讲两点意见：

### 一、近几年来本市学习型城市建设的基本情况

党的十六大提出了“形成全民学习、终身学习的学习型社会，促进人的全面发展”的奋斗目标，十六届三中、四中、五中及六中全会都将建设学习型社会作为落实科学发展观，建设社会主义和谐社会及“十一五”期

间全面建设小康社会的重要组成部分。市委、市政府始终高度重视北京学习型城市建设工作，把北京率先建成学习型城市作为首都经济和社会发展的重要目标全面加以落实。应当说，北京建设学习型城市工作几年来取得了突出进展，其主要成绩表现在以下几个方面：

### （一）市委、市政府高度重视创建工作，市教委等有关部门科学指导，为创建工作奠定了良好的基础

建设学习型城市各级领导的认识是关键。市委、市政府在北京建设与发展过程中始终清醒地认识到，大力推进学习型城市建设是应对知识经济挑战，适应经济全球化，建设创新型城市，增强城市综合竞争力的必然选择；是落实科学发展观，实现“新北京，新奥运”战略构想，建设社会主义新农村，构建和谐社会首善之区的重要保障；是构建全民学习和终身学习的现代教育体系，提高广大市民素质，促进人的全面发展的迫切需要。市委、市政府要求全市各级党委、政府部门、社会团体和各类组织都要深刻认识推进学习型城市建设的重要意义，把推进学习型城市作为落实科学发展观促进社会进步与和谐的一项事关全局的战略任务，纳入重要议程。

2000 年市政府在《北京市国民经济和社会发展十五计划纲要》中明确提出要在全国“率先构建起终身学习和学习型社会的基本框架”的发展目标；2001 年市政府办公厅转发的《市教委关于全面推进社区教育，促进首都学习化社区建设的意见》中提出“在 3—5 年内建立较为完善的社区教育体系，基本形成具有区域特色、能满足社区成员日益增长的精神文化需求的学习化社区。力争用 8—10 年时间，将北京建设成为学习化城市；

2002年北京市第九次党代会提出了“构建学习型社会，推进首都教育现代化”的战略目标；2004年市委、市政府召开首都教育大会，印发了《关于实施首都教育发展战略，率先基本实现教育现代化的决定》，提出了“到2010年在全国率先基本实现现代化，学习型城市初步建成”的目标；2005年市委在《关于制定北京市国民经济和社会发展第十一个五年规划的建议》中提出“加强成人教育、继续教育，推进城乡教育的信息化建设，努力构建终身教育体系，积极推动学习型城市建设”的发展思路；市委九届十二次全会通过的《中共北京市委关于构建社会主义和谐社会首善之区的意见》中再次明确提出了“加强成人教育、继续教育，推进城乡教育信息化建设，努力构建终身教育体系。积极推动学习型城市建设”的战略构想。这些都表明了市委、市政府从首都建设与发展的战略目标出发，建设学习型城市的决心与信心。

在市委、市政府领导下，市教委积极协调有关部门制定政策，完善措施，以点带面，加强实施过程的科学指导。从2001年开始，由市教委牵头，与市政府有关部门先后印发了《关于“发展企业教育创建学习型企业先进单位”评估工作的通知》、《关于在全市开展“发展社区教育促进学习型社区建设先进区县”评估工作的通知》、《北京市示范性社区教育中心建设标准》、《关于加强街道社区教育中心建设的通知》、《关于开展创建学习型城区工作的通知》、《关于加强企业教育推动学习型企业创建工作的意见》、《关于创建学习型机关先进单位评估标准》、《关于创建学习型学校先进单位评估标准》、《关于创建学习型社区先进街道评估标准》、《关于创建学习型地区先进乡镇评估标准》以及《关于创建学习型新村先进村评估标准》等一系列指导性文件，这些文件和创建标准对全市各行业、各区县开展学习型组织创建，推动学习型城市建设给予了科学的理念引导和工作指导。

### （二）积极完善首都现代终身教育体系

建设学习型城市的基础是全面构建现代终身教育体系。现代终身教育体系应该说既包括学前教育、初等教育、中等教育、高等教育在内的各类普通学校教育，又包括成人教育、继续教育、企业教育、社区教育、农村教育等所构成的社会教育学习网络。

北京具有良好的教育基础条件，其国民教育的普及水平已经接近世界发达国家水平，市民文化素质在全国最高。全市人口平均受教育年限达到10年，从业人员平均受教育年限已达到11年。北京现有各级各类普通学校近3 800所，在校生达230万人，占常住人口的19%，教职工近30万人，占全市从业人员的4%。北京已在全国率先实现普及九年义务教育的基础上，又以高标准普及了高中阶段教育，并且逐步在农村地区和对贫困家庭学生实行免费义务教育。北京已经在全国率先实现了高等教育普及化，在高等学校数量上，特别是国际知名的高等学校数量，均在全国名列第一：北京高校在校大学生占总人口的比例已经达到5%，接近国际大都市7%的水平；北京高校无论是科技研发力量，还是人才培养力量均在全国属首善之区。北京已基本完善了职业教育网络，现有高职教育机构45个，中等职业学校160所，初步建立了适应首都经济发展所需的技能型人才培养和培训体系。

近十年来，北京的成人教育也取得了较大的发展，为建设学习型城市、完善终身教育体系奠定了良好的基础。目前，全市各类非学历成人教育培训机构总数达 5000 多个，其中有各类成人高等教育机构 101 个，成人中等教育机构 60 余个，街道社区教育中心 90 个，乡镇成人文化技术学校 170 所，村办成人学校 2000 余所，各类行业企业培训中心 300 多个，各类社会力量办学机构 2400 余个，北京已基本建成满足市民终身学习的教育网络和学习平台。

从 1994 年以来，我市先后实施了两期成人教育培训工程。一是从 1994—2000 年实施了包含“紧缺人才培训工程”、“转岗人员培训工程”、“乡镇企业职工培训工程”、“农村劳动者科技推广培训工程”、“首都市民素质提高培训工程”等五项子工程的成人教育培训工程；二是从 2001—2005 年实施了包含“紧缺人才培训工程”、“社区教育工程”、“现代企业教育工程”、“农业现代化培训工程”等四项子工程的成人教育培训工程。这些工程的实施，大大推动了全市成人教育的发展，促进了各行业、各地区人力资源的开发，全面提高了首都市民素质。到 2006 年，全市每年参加各类成人教育培训的市民已达到 30%以上，培训总人次达到 750 万人次以上。其中行业企业职工的岗位培训、继续教育达 274 万人次，城市居民的社会文化生活教育达 301 万人次，郊区农民培训达 111 万人次，初步形成了终身学习的良好环境和氛围。为迎接奥运会，市教委从 2002 年推出北京市市民英语口语等级考试，五年来我市有 50 多万人次参加英语口语等级考试，其中 332285 人取得英语口语等级考试资格证书。参加考试的有市民、干部、学生及外来务工人员，最小的 4 岁，最大的 77 岁。市公安、交通运输部门已将此考试作为 2008 年干部职工上岗资格证书之一。

### （三）扎实推进学习型区县以及与各类学习型组织的创建工作

近几年来，我市围绕建设现代化国际大都市的目标以及实现“新北京、新奥运”战略构想，以推进学习型社区和学习型企业的创建为突破口，通过树立新的学习理念，建立多元化学习平台，创建各类学习型组织，努力提高市民的综合素质，促进经济社会和谐发展，为推动首都社会全面进步，全面建设学习型城市奠定了坚实的基础。

2001 年以来，西城区、海淀区、崇文区、朝阳区、丰台区、石景山区、顺义区、宣武区、东城区、大兴区以及燕山地区、先后接受了市教委组织的专家评估，被评为“发展社区教育促进学习型区县建设”先进区（先进单位）。首钢总公司、北京全聚德集团有限责任公司、北京翠薇大厦等 44 家企业先后接受市教委、市总工会等相关部门组织的专家评估，被评为“发展企业教育创建学习型企业”先进单位。西城区月坛街道、崇文区东花市街道、宣武区广内街道等 31 个街道社区教育中心先后被市教委评为北京市示范性社区教育中心。与此同时，在各区县教委的协调指导下，创建学习型机关、学习型学校、学习型社区、学习型乡镇等活动也在全市各区县蓬勃展开，涌现出西城区药监局、石景山区统计局、顺义区公安分局、大兴检察院等创建学习型机关先进单位，涌现出人大附中、北京实验二小、北京一六六中学、崇文区十一中学、丰台二中、石景山区京源学校等一批创建学习型学校先进单位，涌现出顺义大孙各庄镇、大兴采育镇等一批创建学习型地区先进乡镇。通过几年的努力，可以说北京已在全国率先初步建立起学习型城市的框架。

几年来，我市创建学习型城市工作取得了很好的效果：一是终身学习、终身教育的理念得到了广泛的宣传和普及，终身教育体系和终身学习服务体系的框架基本形成，“全民学习、终身学习”的社会氛围越来越浓厚。二是推动了首都教育现代化的步伐，激发了广大干部、群众的学习热情，明显增强了学习力，提高了劳动者的素质和能力，促进了首都人才队伍的建设和发展。三是优化了区域发展环境，促进了区域经济社会发展，提高了城市整体形象。四是提高了党政机关的管理水平，逐步建设了一支务实高效、勤政廉洁、人民满意的党政机关干部队伍。五是学习型城市建设对实现和谐社会首善之区的建设目标与创新型城市的发展目标起到了积极的推动作用。

### （四）几年来本市学习型城市建设的主要经验

1.将学习型城市建设纳入国民经济和社会发展规划，作为“新北京新奥运”的战略举措加以全面落实。六年来，市委，市政府的重要文件中都多次突出强调学习型城市建设，将学习型城市建设纳入重要议事日程，主要领导亲自过问、研究并对学习型城市建设工作多次作出重要批示。市委、市政府高度重视并全面推进学习型城市建设工作，使全市的创建工作方向明确，措施落实，效果显著。

2.基本建立了区（县）委领导、政府推动、教育主导、条块结合、全员参与的区县创建工作运行机制。全市大多数区县都已成立了以区委、区政府主要领导为组长（主任）的发展社区教育创建学习型区县工作领导小组或工作委员会，办公室设在了区教委，实现了统筹协调，齐抓共管。实践证明，这是一种成功的运行模式。

3.成立专家指导和创建组织两支队伍，保证了创建工作起点高，质量得以保证。从2001年起我市就成立了北京市创建学习型城区专家指导委员会，其成员来自于在京高校、科研院所、企业事业单位的专家学者，其中部分专家在全国都有一定的影响。依靠这只专家队伍，对全市各区县、各行业学习型组织的创建工作进行评估和认定，这支队伍对指导全市各类学习型组织及各区县学习型城区建设发挥了重要的作用。市教委每年举办1～2期创建学习型社会骨干培训班，对区县教委、行业、社区街道、企事业单位的相关负责人进行培训，培训了一批各类学习型组织创建的组织管理人员及创建骨干，收到了很好的效果。今年，我市又成立了北京市学习型城市研究中心，“中心”依托北京教育科学研究院，充分发挥教育科研部门的优势，并集中了一批国内在学习型城市研究领域有影响的专家学者，他们将为我市学习型城市建设提供理论指导和智力支持，“中心”也将成为我市构建终身教育体系与终身学习服务体系、建设学习型城市的研究基地，成为首都学习型城市建设的理论研究成果、实践经验的交流平台和宣传推广中心。

4.经费得到保障，推动了学习型城市创建工作的持续发展。从2003年起，市政府每年投入经费1000万元左右，用于奖励资助在创建学习型区县、学习型街道、学习型企业中成绩突出的区县和单位。全市大多数区县政府按照市统一要求，按区县常住人口每人每年一元的标准，由区县财政拨付社区教育及创建学习型城区专项经费，西城、海淀、顺义、平谷等区人均社区教育经费已经达到2元。全市多数企事业单位都能按职工工资总额的1.5%的比例提取职工教育经费，投入到职工的继续教育和培训当中，部分企业在加大人力资源开发力度的同时，已将这一比例提高到2.5%左右。这些措施对创建学习型城市工作起到了很好的保证作用。

5.整合教育资源，建立社会化学习网络。全市各主要城区都建立了以社区学院或区级社区教育中心为龙头的社区教育网络基地，全市80%以上的街道建立了社区教育中心，西城、崇文、朝阳等部分区县统筹教育资源，率先将基础教育资源调整用于社区教育，大大改善了社区教育的办学条件，提高了办学水平。全市城八区普遍实施了普通教育教师下社区参与社区教育的制度，先后向街道及社区派出专职社区教育工作者1000多名，协助街道及社区开展社区教育工作，实现了学校和社区双向互动，共同参与。区县各类教育资源主动向社区开放，目前，全市有50%以上的各级各类教育机构向社区开放，为市民终身学习提供了必要条件。

6.初步构建了学习型城市的信息化平台。落实“数字化北京”建设的目标，发挥广播电视大学和各种远程开放教育资源的功能，为市民提供开放式的远程高等教育服务。全市城八区都建立了社区教育专门网站；部分街道社区教育中心还建设了数字化图书馆，突破社区教育资源的时间、空间限制，为满足社区内青少年校外学习、老年教育、市民终身学习的需要创造了条件。为了更好地服务“三农”，市政府和区县政府共同投资，在远郊区县的乡（镇）、村建立了300多个远程教育学习站（点），依托北京农科院智农天地网，对农村地区开展远程教育，满足了部分农民终身学习的需求，受到京郊农民的普遍欢迎。

7.以创建学习型企业为目标，全面推进了企业教育的创新，促进了企业的人力资源开发。在市教委及有关行业指导下，在深化企业改革，加快现代企业制度建设的过程中，适时提出了创建学习型企业的发展目标；加大企业教育培训及人力资源开发力度，增加了人力资本存量；同时完善管理，塑造企业文化，建立企业内终身学习体系，提高企业和员工的学习力，有效增加了企业的核心竞争力，促进了企业的战略提升和全面发展。

8.以提高市民整体素质为出发点开展丰富多彩的学习型社区创建活动。几年来，在广大社区开展的迎奥运英语口语培训、做文明市民教育、市民心理调适教育、公民道德素质教育等多项培训有效的提高了市民的整体素质，同时也解决了影响社区和谐与稳定的一些难点和重点问题，促进了社区的和谐与稳定。全市创建学习型社区形式多样，内容丰富多彩。夏日文化广场、科普宣传车、市民学习周、文明市民学校等为社区居民喜闻乐见的活动吸引了大批市民广泛参与。寓教于乐、深入挖掘各类活动的教育因素，有的放矢地对社区居民进行教育和引导的社区教育活动改变着居民的生活观念，提高了市民的生活质量。法制教育、休闲教育、子女教育、环保教育、健康教育以及节约能源教育等成为最受社区居民喜欢的教育活动。学习型社区创建的普遍开展，提高了社区居民对社区的认同感，增强了社区的凝聚力，进一步改变了社区的风气。

## 二、各区县教育行政部门要把握机遇，切实把加快学习型城市建设工作作为当前的一项紧迫任务，放在更加突出的位置来抓

市委、市政府《关于大力推进学习型城市建设的决定》中对今后一个时期北京学习型城市建设工作的指导思想、目标任务及主要工作进行了全

面部署。本市各区县在建设首都学习型城市中占有极其重要的位置。区县教委在建设本地区学习型区县过程负有重要的责任和义务。今后几年各区县教委要着重做好以下工作。

**（一）要提高认识、加强领导，充分发挥教育部门统筹协调、宏观管理的重要作用，切实推动学习型城市建设工作**

为了贯彻落实《中共北京市委、市政府关于大力推进首都学习型城市建设的决定》精神，进一步推进我市终身教育体系和学习型城市建设，加快构建社会主义和谐社会首善之区，进一步加强对建设学习型城市工作的领导和协调，形成科学运作、齐抓共管的良好局面，我市成立了由市委、市政府负责同志担任组长，相关委办局等单位负责同志担任成员的北京市建设学习型城市领导小组，负责学习型城市建设的规划、决策、运筹、协调、指挥、监督等工作。领导小组办公室设在市教委。各区县也要尽快建立、健全相应的指导协调的工作机构，负责本地区学习型区县的建设工作。各区县教委要承担起学习型区县建设工作领导小组办公室的重要职责：

一是为落实北京市建设学习型城市工作会议精神，要协调有关部门研究制定今后几年推进本区域学习型区县建设的具体规划，明确目标和任务，并尽快召开本区县的推进大会。

二是要加强统筹协调，落实任务分解，加强行政推动，形成教育部门主导，各部门齐抓共管的创建格局。

三是要强化对建设工作的研究和指导，不断创新工作思路和工作方式，通过各种形式和渠道吸纳社会各方面的参与、支持和配合，形成合力，增加持续发展的动力。

四是要加大建设学习区县的宣传力度。广泛宣传建设学习型社会的重要意义，通过宣传，在广大市民中形成终身学习的高度共识和自觉追求，营造建设学习型区县的舆论氛围，不断提高建设学习型区县工作的自觉性。

五是要进一步完善投入机制。形成以政府为主导，企事业单位、社会团体共同承担的保障机制。确保建设学习型区县工作的稳定投入。区县财政从非教育经费中按照本区县人均不低于 1 元的标准保证对社区教育的经费投入，有条件的区县要提高到人均 2 元。区县教育行政部门每年要从教育事业费中拿出一定比例用于社区教育和学习型区县建设；同时运用财政、金融、税收等政策杠杆，拓宽资金渠道，鼓励社会力量资助终身教育。

六是要加强对区域内各类学习型组织专兼职工作者队伍及专家队伍的培养和建设。

### （二）要充分认识发展社区教育在建设学习型城市中的重要意义，进一步树立大教育观念

随着我市区域经济的发展、城市管理体制改革和教育体制改革的不断深入以及人们对高质量教育特别是终身教育的迫切需求，社区教育的重要性越来越显露出来。发展社区教育，创建学习型社区是学习型城市建设的重要组成部分，是提高首都市民素质的重要措施，是建立终身教育体系和

学习型城市的重要途径。发展社区教育，创建学习型社区对于满足社区成员终身学习的需要，促进社区可持续发展和公民个人的可持续发展具有十分重要的现实意义和深远的历史意义。从社会发展和人生需求来讲，传统的学校教育已经不能适应经济发展和社会进步的要求。当今世界，知识经济已见端睨，其显著特点之一就是知识总量增长和知识更新的速度不断加快，知识将代替部分自然资源成为经济增长的一种主要要素。一次性学校教育所储备的知识、技能已经不能满足人的一生发展的需要。社会的迅速发展，要求把教育作为一个整体加以设计，教育在个人生活和工作中的地位也越来越重要，终身教育、终身学习已成为人们自我完善、自我发展的客观必然要求。这就要求各级教育行政部门、全体教育工作者必须树立终身教育和大教育思想，加快构建各类教育相互衔接、相互融通的终身教育体系。为此，我们要求各区县教委，要更加重视社区教育，把发展社区教育、创建学习型社区纳入本区县国民经济和社会发展规划、社区建设和教育发展规划之中；要使社区内各部门、各单位的领导转变社区教育是教育部门一家之事的观念，切实树立终身教育、终身学习的思想，不仅做好本部门、本单位内的职工教育工作，还要积极关心、支持、参与社区教育，为社区的和谐发展提供教育资源和教育服务；要进一步加强宣传力度，通过各种渠道，采取多种形式，使社区全体成员充分认识到发展社区教育、实现终身学习的重要性，使学习成为公民个人自我完善，自我发展的需求，增强他们的参与意识，更加自觉地参加社区教育活动，成为推动学习型社区建设的内在动力。

各区县教育行政部门要充分发挥区域内人才、教育资源，特别是信息资源丰富的优势，优化配置和充分利用现有的教育资源，构建横向沟通、纵向衔接的社区教育培训网络，为社区成员提供全方位的教育服务，逐步实现“学者有其校”的目标。

一是要根据社区内各类教育的发展需求，加快调整、重组社区内各种教育资源，特别是要将基础教育资源调整用作社区教育，发挥社区内教育资源的最佳效益，为社区成员提供高质量、均衡化的基础教育，高水平的职业教育和丰富多彩、大容量的成人教育。

二是要继续完善社区教育培训体系。积极推进社区学院的建设和发展，有条件的区县都应建立社区学院。要尽快制定政策，积极发挥社区学院的龙头作用。社区学院不仅是社区高等职业教育和高层次培训的中心，而且还是社区教育中心。在为社区提供高等职业教育、大学基础教育、岗位培训、继续教育、社会文化生活教育以及远程开放教育等多种教育服务的同时，还要发挥其社区教育理论研究、咨询指导以及骨干培训等辐射作用。其次，继续建立、完善街道、乡镇社区教育中心或市民学校以及居家委会、村市民学校或村成人文化学校。

三是要挖掘社区内所有教育资源，充分发挥其社区教育功能。各级各类学校应向社区开放操场、图书馆、阅览室、计算机房等资源；同时也要注意开发利用非教育机构的社区教育功能，为社区成员提供服务。

四是要充分利用现代信息技术，建设数字化、远距离社区教育。有条件的区县要充分利用有线广播电视节目网及计算机网络系统，尤其是要充分利用我市建设“数字化北京”，实施“宽带入户”的有利时机，建立社区远距离教育网络，积极开发社区教育课程，研制社区教育课件，使学习能够跨越时间和空间，随时、随地学习。要使社区内各种教育资源通过网络系统相互联结，形成既各具特色，又密切结合的共同体，使社区教育资源充分得到共享。

（三）要统筹各部门力量，大力推进区域内各类学习型组织的创建活动

学习型组织建设是学习型城市建设的组织基础和基本细胞。各区县教委承担着协调区域内有关部门指导各级各类学习型组织的创建和推动任务。根据《决定》精神，我们要重点抓好学习型机关、学习型企事业单位、学习型学校、学习型社团、学习型街道、乡镇、社区等组织的创建工作，努力建设学习型区县。

学习型机关的创建要围绕提高依法行政能力，结合机关工作岗位要求，强化业务培训，更新知识结构，创新学习载体，健全学习制度，提高学习能力，要尝试开展学习型党组织及学习型领导班子建设。

学习型企事业单位的创建要以促进团队学习为重点，促使团队成员积极进行知识共享，思想沟通，形成默契合作的团队精神。推进单位的组织改革，形成与时俱进、追求卓越、勇于创新、人际和谐的组织文化，使整个单位不断提升创造活力与竞争力。

学习型学校创建要引导教师不断更新知识，转变观念，成为热爱学习、学会学习、终身学习的楷模。注意培养学生的创新精神和实践能力，大力加强素质教育，发挥学生的主动性，培养创新型人才。

学习型社团的创建以服务群众为主题，在实践中不断提高学习力和服务能力，满足群众多样化的学习需求。推进经济社会协调发展，为和谐社

会建设发挥促进作用。

创建学习型街道、乡镇、社区等区域性学习型组织要把提高市民素质作为学习的重点，引导市民在学习中增长知识，陶冶情操，提高思想道德和科学文化素质，形成文明健康的行为方式。逐步培育各具特色的区域文化，激发社区成员的积极性和创造性，增强区域凝聚力。

要加大学习型区县的创建力度。要将学习型区县建设纳入区县经济和社会发展总体规划、社区建设规划和教育发展规划。形成有特色的区域性学习和创建工作理念，推动各类学习型组织建设。整合区域内学习和教育资源，形成具有区域特点的学习网络和创建模式，全面提高区域的发展活力和持续竞争力。

在学习型组织的创建上，我们不仅要求有数量，还要要求高质量，有三个关键点要努力去突破。一是创建学习型区县和学习型组织必须树立科学的学习观，没有科学的学习观学习型组织的创建就失去了意义，方向就偏了；特别是要很好地研究组织学习的理论，要通过组织学习解决区域或组织发展中遇到的难点与重点问题；我们提倡学习要促进创新，促进变革，学习促进不了创新和发展，学习的目的和作用就值得怀疑。二是学习型区县和学习型组织的创建要促进区县和组织管理水平的提高，要逐步实施知识管理，以知识管理促进组织变革和管理创新。三是要处理好建设学习型城市与建设创新型城市及建设和谐社会首善之区的关系；建设学习型城市是建设创新型城市及和谐社会首善之区的重要基石，没有全民学习和终身学习的普及，创新与和谐就失去了基础和途径。

（四）要加强各区县教委自身学习型机关建设

机关作为履行政府职能和实施公共事业管理的重要组成部门，在全市率先实现现代化，建设学习型城市进程中担负着十分重要的任务。为了深入贯彻落实市委、市政府的《决定》精神，各区县教委要充分发挥教育行政部门在建设学习型城市中的基础性、骨干性和指导性作用，要在区域内率先建设学习型机关。

近年来，社会主义市场经济体制逐步完善，首都现代化建设步伐加快以及“新北京、新奥运”战略的全面实施，给首都教育的发展带来了广阔的发展空间和更多的机遇。但我们也要清醒地看到在这种新形势下，首都教育面临着巨大的挑战，教育行政部门面对越来越多的新情况、新问题；而要解决这些问题，越来越需要我们不断创新，改变传统的思维模式，采用系统思考的方法。要通过建设学习型机关，全面提高教委机关的管理水平，推动机关转换职能、改进工作作风，努力提高机关干部的思想道德素质、科学文化水平、政策理论水平、依法行政能力和公共服务的水平。我们要在机关内倡导一种学习型的工作和生活方式，使学习成为一种生存需要，并通过整合机关学习资源，创新学习制度，建立完善激励机制和约束机制，推动机关干部全员参加法律法规、政治理论、业务理论、经济管理理论、公共管理理论和学习型组织理论的学习。努力打造“廉洁、公正、务实、高效、创新”的学习型、服务型、创新型机关新形象，为办好人民满意的首都教育做出我们应有的贡献。

同志们：建设学习型城市是促进首都发展与建设的系统工程和长期任务，需要全社会的广泛参与。各区县要认真贯彻《关于大力推进学习型城市建设的决定》精神，全面落实市委九届十二次会议精神，以学习促发展，以学习促改革，以学习促和谐，用学习激发出来的发展力、创新力建设好首都，为办好第二十九届奥运会，早日实现首都现代化的宏伟目标而努力奋斗！